Narinder Singh

Wettbewerbsfähigkeit

Narinder Singh

Wettbewerbsfähigkeit

Die Bedeutung des Wettbewerbs im Leben

ScienciaScripts

Imprint

Any brand names and product names mentioned in this book are subject to trademark, brand or patent protection and are trademarks or registered trademarks of their respective holders. The use of brand names, product names, common names, trade names, product descriptions etc. even without a particular marking in this work is in no way to be construed to mean that such names may be regarded as unrestricted in respect of trademark and brand protection legislation and could thus be used by anyone.

Cover image: www.ingimage.com

This book is a translation from the original published under ISBN 978-620-3-46177-0.

Publisher:
Sciencia Scripts
is a trademark of
International Book Market Service Ltd., member of OmniScriptum Publishing Group
17 Meldrum Street, Beau Bassin 71504, Mauritius
Printed at: see last page
ISBN: 978-620-3-50624-2

INDEX

WETTBEWERB

Die moderne Gesellschaft entwickelt sich sehr schnell, was uns wettbewerbsfähiger gemacht hat. Wettbewerb ist von Natur aus tief im Wesen des Menschen und des Organismus verankert. Überall um uns herum gibt es Wettbewerb. Er beginnt lange vor der Geburt, wenn die Spermien miteinander kämpfen, um in die Eizelle einzudringen und den Prozess der Empfängnis zu starten. Das Leben ist also nie vom Wettbewerb verschont. Normalerweise konkurrieren Arbeitnehmer um Beförderungen, Schüler und Studenten um bessere Noten als ihre Mitschüler, Spieler um bessere Ergebnisse als ihre Konkurrenten und Unternehmen um einen Verdrängungswettbewerb um Marktanteile. Offensichtlich gibt es eine klare Assoziation zwischen Wettbewerb und der Entschlossenheit, erfolgreich zu sein, sowie dem Besiegen der Gegner. Seit der Antike ist die Rivalität einer der nützlichsten und effektivsten Faktoren in der Gesellschaft geblieben, um die menschlichen Anstrengungen zu verstärken und die Dinge in vielen Bereichen der menschlichen Bestrebungen zu verbessern. Im Laufe der Jahrzehnte hat der Wettbewerb in fast allen Bereichen einen drastischen Aufwärtstrend erfahren. Er hat auch in der ganzen Welt zugenommen, in der Art, dass fast alle Nationen um den Erhalt ihres derzeitigen Wohlstands konkurrieren. Die aktuelle Situation schafft Umstände für Unternehmen, in allen Bereichen Leistung und hohe Qualität zu produzieren. Unternehmen müssen ihren Kunden hohe Qualität und Wert bieten. Ebenso müssen Länder ihren Menschen einen höheren

Lebensstandard und ihren Aktionären einen besseren Wirtschaftsstandort bieten.

Der Wettbewerb hat unsere Gesellschaft dramatisch verändert. Egal, was wir tun, der Wettbewerb wird uns umgeben. Er hat unser Verhalten geprägt und wie wir in der Vergangenheit, Gegenwart und Zukunft voneinander abhängen. Wettbewerb ist wichtig für unser tägliches Leben, sei es im Sport, im Glücksspiel, in der Wirtschaft oder in einer anderen Dimension. Wettbewerb ist die Essenz unseres Seins. Kann man sagen, dass Wettbewerb zwar gut für die Kunden ist, aber auch seine negativen Seiten hat? Durch die Rivalität innerhalb von Unternehmen gibt es viele Herausforderungen und viele Menschen sind davon betroffen. Der Wettbewerb zwischen Unternehmen kann kleinen Unternehmen durch unterschiedliche Arbeitskosten-, Produktions- und Preisfaktoren dramatisch schaden.

Menschen mögen wahrscheinlich eine Art von Wettbewerb. Wettbewerbe machen sicherlich mehr Spaß, wenn wir gewinnen. Wettbewerb wird jedoch mit unerwünschter Qualität assoziiert. Auf der anderen Seite, wenn wir die Vergangenheit der Zivilisation, beginnend mit den alten griechischen Olympischen Spielen, betrachten, können Wettbewerbe im Leben oft als angenehm bezeichnet werden. Menschen wollen wahrscheinlich Teil eines Wettbewerbs sein. Wettbewerbe werden sicherlich als unterhaltsamer empfunden, wenn wir wirklich gewinnen. Die unerwünschte Qualität ist jedoch stark mit Wettbewerben verbunden. Andererseits haben wir schon immer gerne an Wettkämpfen teilgenommen, wenn wir die Geschichte der Menschheit von den antiken griechischen Olympischen Spielen bis hin zu den heutigen wettbewerbsintensiven Spielen betrachten. Die Tatsache, dass Wettbewerb in der modernen Gesellschaft allgegenwärtig ist, kann nicht ignoriert werden. Aus wirtschaftlicher Sicht ist Wettbewerb ein entscheidender Faktor für die Aufrechterhaltung eines hohen Produktionsniveaus und die Schaffung wettbewerbsfähiger Märkte. Auch in Machtkämpfen und Politik spielt die Rivalität unter lokalen, nationalen und internationalen Bedingungen immer noch eine wichtige Rolle. Ausländische Partnerschaften, Aktivitäten, Tanzen, Singen und sogar professionelle Auftritte sind nicht frei von Konkurrenz. Sie ist heute zu einem integralen Bestandteil des menschlichen Lebens geworden. Das Bedürfnis zu überleben, wie es in der Konzeption von Darwins "Survival of the fittest" (Überleben des Stärkeren) auf der Erde zum Ausdruck kommt, führt dazu, dass die dominanteren Tiere für ihre grundlegenden Bedürfnisse kämpfen und länger leben als ihre schwächeren Artgenossen. Das gleiche Prinzip gilt überall, sei es im Himmel, auf der Erde oder unter Wasser.

Neben dem Instinkt oder der Absicht zu überleben, hat der menschliche Wettbewerb mehrere andere Dimensionen. Dabei handelt es sich um Wettbewerbe, bei denen entweder zwei oder mehr Menschen einen gemeinsamen Zweck, Ziele, Güter, Belohnung, Titel, Stärke, Vorteil und sogar Ruhm verfolgen, die normalerweise nicht geteilt werden können. In vielen Sportwettbewerben geben die Teilnehmer zum Beispiel ihr Bestes, um Spiele zu gewinnen und die erste Position in einem Turnier zu erreichen (Cantador & Conde, 2010). Der Wettbewerb schließt Sieg und Niederlage ein, unabhängig davon, wie groß der Unterschied zwischen den Teilnehmern ist. Selbst wenn die Ergebnisse des ersten und zweiten Platzes sehr knapp sind, wird der Erstplatzierte als Sieger betrachtet. Ähnlich verhält es sich, wenn die Leistung des Zweitplatzierten und die Leistung des Drittplatzierten deutlich voneinander abweichen, so verdienen sie ihre jeweilige Position am Tag und beim Wettbewerb nach den Kriterien. Eine oder mehrere Personen verlieren, wenn jemand gewinnt. Dies sind die beiden wichtigen Elemente des Gewinnens und Verlierens, als ob es sich um zwei verschiedene Seiten einer Medaille handelt. Da das Verlieren jedoch schwerwiegende Folgen hat, ist es eine ernste Angelegenheit, besonders für diejenigen, die gewinnen wollen. Um wettbewerbsfähig zu sein, braucht man nicht nur eine Leidenschaft für das Gewinnen, sondern auch ein hohes Maß an Autonomie, Kapazität, Disziplin, Konzentration und schneller Entscheidungsfindung. Ein Kind, das zu wettbewerbsorientiert ist, kümmert sich auch weniger um die Sicherheit.

Merriam-Webster (2015) stellt fest, dass "Wettbewerb die Handlung oder die Methode ist, mit der jemand anderes versucht, sich etwas zu verdienen oder zu gewinnen, wie z. B. eine Auszeichnung oder ein höheres Leistungsniveau".

Nach Sutherland, Woodword und Maxwell (1966) ist "Wettbewerb ein unpersönlicher, unbewusster, ständiger Kampf zwischen Individuen oder Gruppen um Befriedigungen, die aufgrund ihres begrenzten Angebots nicht alle haben können" Daher ist Wettbewerb eine Herausforderung, an der mehr als zwei Individuen beteiligt sind und versuchen, das gleiche Ziel zu erreichen.

5

"Konkurrenz ist jene Form des sozialen Handelns, in der wir gegeneinander um den Besitz oder die Nutzung eines so begrenzten materiellen oder nicht-materiellen Gutes kämpfen" (1964). Er ist ein Element des universellen Kampfes, nicht nur in der Gesellschaft, in den Welten der Pflanzen und Tiere.

"Wettbewerb ist der Kampf um die Nutzung oder den Besitz von begrenzten Gütern", so Fairehild (1944).

Nach Singh und Kaur (2018) "Eine Eigenschaft in den meisten lebenden Organismen, die dazu führen kann, dass ein bestimmter Organismus konkurriert. Dieses Merkmal wird Wettbewerbsfähigkeit genannt, wird als angeborenes biologisches Merkmal angesehen, das zusammen mit dem Drang zum Überleben existiert. Allerdings ist Konkurrenz oder der Wunsch zu konkurrieren gleichbedeutend mit Aggressivität und Ehrgeiz. Fortgeschrittene Gesellschaften bauen Gewalt und Wettbewerb in ihre Begegnungen als Mittel zur Verteilung und Anpassung von Ressourcen ein."

Es ist ein Aspekt des Kampfes, der in der Welt der Pflanzen und Tiere universell ist, nicht nur in der menschlichen Gesellschaft. Es ist eine Kraft, die Menschen dazu bringt, sich einander gegenüber zu verhalten. Es ist eine unvermeidliche Folge des universellen Kampfes ums Überleben. Er tritt auf, wenn die Bedürfnisse der Menschen unzureichend befriedigt werden, in dem Sinne, dass nicht jeder so viel bekommen kann, wie er möchte. Zum Beispiel wollen in jeder Gesellschaft typischerweise mehr Menschen einen Arbeitsplatz, als Arbeitsplätze zur Verfügung stehen: Deshalb gibt es einen Wettbewerb um die verfügbaren Plätze. Es gibt auch einen Wettbewerb um bessere

Arbeitsplätze zwischen denjenigen, die bereits arbeiten. Und in gewissem Sinne ist die Knappheit ein unausweichlicher Zustand der gesellschaftlichen Existenz, Konkurrenz ist in allen Gesellschaften zu finden. Sonnenschein und Luft haben keine Konkurrenz, weil diese Dinge ein unbegrenztes Angebot haben.

Merkmale des Wettbewerbs:

- **Der Akt oder Prozess des Konkurrierens**: Eine beliebige Anzahl von Handlungen oder Aktionen, die von Teilnehmern, Personen, Unternehmen, Nationen usw. ausgeführt werden, die gegeneinander konkurrieren.

- **Ständiges Ringen**: Er zieht sich wie ein roter Faden durch unser Leben. Manchmal sind Individuen bewusst bestrebt, zu konkurrieren, manchmal sind sie sich des Wettbewerbs nicht bewusst, der auf der unbewussten Ebene vorhanden ist.

- **Wettbewerb ist unpersönlich**: Es handelt sich um einen unpersönlichen interindividuellen Kampf, der Wettbewerb wird als "Interaktion ohne sozialen Kontakt" charakterisiert. In der Regel haben die Teilnehmer keinen Kontakt zu einer Person oder einer Partei und kennen sich nicht gegenseitig. Sie sind in Kontakt. Der Wettbewerb ist in mehrfacher Hinsicht unpersönlich. Der Wettbewerb wird als unpersönlich bezeichnet, wenn Einzelpersonen nicht auf persönlicher Ebene, sondern als Vertreter von Gruppen wie Unternehmen, sozialen oder kulturellen Organisationen, Stämmen, Staaten, politischen Parteien usw. gegeneinander antreten.

- **Wettbewerb ist eine unbewusste Aktivität**: Wettbewerb findet auf einer unbewussten Basis statt. Schüler denken zum Beispiel nicht an ihre Klassenkameraden als Konkurrenten, auch wenn es wahr ist, dass nur eine bestimmte Anzahl von Auszeichnungen in Frage kommt, und wenn einige Klassenkameraden sie verdienen, werden die Auszeichnungen sofort anderen verweigert. Die Schüler sind sich zweifelsohne des Wettbewerbs bewusst und machen sich große Sorgen um die Noten. Der Wettbewerb besteht nur so lange, wie ihre Aufmerksamkeit auf die Belohnung oder die Ziele gerichtet ist, die sie anstreben, und nicht auf den Konkurrenten. Wenn sich der Fokus von den Objekten des Wettbewerbs auf die Wettbewerber selbst verlagert, spricht man von Rivalität oder persönlichem Wettbewerb.

- **Um eine Belohnung zu erhalten**: Teilnehmer, Menschen, Unternehmen, Nationen etc. Wetteifern miteinander, um etwas zu gewinnen, das materiell oder immateriell sein kann.

- **Wettbewerb ist universell**: Wettbewerb findet in allen Kulturen und in jedem Alter statt. In jeder Kategorie ist er zu finden. Da das Angebot auf die Produkte beschränkt ist, die die Menschen sicherstellen wollen, gibt es einen Wettbewerb, um sie überall zu sichern.

- **Die Wünsche sind unbegrenzt und die Ressourcen sind knapp**: Ein möglicher Grund für den Wettbewerb ist, dass das, was jeder im Leben erreichen möchte, nicht für jeden praktisch möglich ist, es zu erreichen. Wenn jeder an die Spitze der Klasse will, ist das praktisch nicht möglich.

- **Der Wettbewerb zwischen zwei oder mehreren Parteien**: Was auch immer eine Partei zu erreichen versucht, die andere(n) Partei(en) streben ebenfalls danach.

Für verschiedene Parteien variiert die Definition von Wettbewerb. Im Marketingbereich wird Wettbewerb als Konkurrenz um den Absatz verwandter Waren und Dienstleistungen zwischen Unternehmen betrachtet, um ein Optimum an Umsatz, Gewinn und Wachstum der Marktanteile zu erreichen. Der Wettbewerb ermöglicht es den Unternehmen, ihr Verkaufspotenzial zu erhöhen. Die vier wesentlichen Komponenten des Marketings, nämlich Waren, Standorte, Promotionen und Kosten, kommen zum Einsatz. Die Entwicklung eines tieferen strategischen Verständnisses ist eine Schlüsselphase für die erfolgreiche Umsetzung einer Marketingstrategie. Das richtige Erkennen des Wettbewerbs und das Fokussieren auf den Markt hilft, den Wettbewerb zu erhalten. Der Wettbewerb ist daher für das Wachstum und Überleben eines jeden Unternehmens unerlässlich.

Ein "Wettbewerb", der als "extrinsischer Anreiz" eine wesentliche Komponente in seinem Ursprung hat, bedeutet, dass seine Motivationsquelle eher extern als intermediär ist. Der Hauptaspekt fast aller internationalen Belohnungen ist, dass sie nur dann zu einem positiven Ergebnis führen, wenn die Belohnungen verdient werden (Deci, 1999). Zum Beispiel hören Studenten normalerweise auf zu lernen, wenn ihre Prüfungen vorbei sind. Genauso vermeiden einige Spieler das Spielen, wenn sie kein Lob oder keine monetären Vorteile mehr dafür erhalten.

Die Definition von "intrinsischer" Motivation ist genau das Gegenteil von externer Motivation. Wenn die Handlung intrinsisch motiviert ist, etwas zu tun, will die Person keine externe Kompensation und fordert sie ein. Sie sind davon überzeugt, dass es das Richtige ist, zu tun. Tatsächlich bedeutet die wesentliche psychologische Definition des "Helferhochs", dass sich Menschen, die anderen Gutes tun und sich positiv verhalten, physisch und psychisch "gut fühlen" (Linden, 2011).

Doch nicht nur der Wettbewerb bestimmt das menschliche Verhalten, sondern auch die Kooperation. Geschicklichkeit bestimmt jedoch das menschliche Verhalten. In Wirklichkeit haben die Menschen nicht nur durch Konkurrenz, sondern vielleicht auch durch Kooperation überlebt. Mit den Worten von Bertrand Russell: "Das Einzige, was die Menschheit erlösen wird, ist die Kooperation".

Daher gibt es einen Wettbewerb nicht nur um Brot, sondern um Luxus, Macht, sozialen Status, Gefährten, Ruhm und alles andere, was man nicht will. Es ist ein Versuch, den Konkurrenten auf ein gemeinsam gewünschtes Ziel auszulagern. Es ist nicht darauf ausgerichtet, den Gegner zu beseitigen und zu töten. Es ist kein Zwang. Die Wettbewerber halten sich an Marktgesetze, die Zwang und Betrug ausschließen. Es wird zum Konflikt, wenn diese Gesetze verletzt werden. Der Wettbewerb ist nie absolut grenzenlos.

Wettbewerbsfähigkeit

Wettbewerbsfähigkeit wird als Synonym für Aggressivität und Ehrgeiz angesehen. Aggression und Wettbewerbsfähigkeit sind eine Kombination, die im Streben der Organisation nach Ressourcenverteilung und Überleben zu finden ist. In der Tat sind Pflanzen das Hauptmerkmal der Wettbewerbsfähigkeit bei fast allen lebenden Organismen.

Bei verschiedenen wirtschaftlichen Aktivitäten gilt die Produktivität. Wie viel ein bestimmtes Unternehmen auf dem gegebenen Markt an Waren und Dienstleistungen verkaufen und herstellen kann. Fast alle Unternehmen und Betriebe planen ihre wirtschaftliche Tätigkeit mit Blick auf den Marktwettbewerb in ihren Umfragen und statistischen Hochrechnungen.

Hyper-Wettbewerbsfähigkeit

Karen Horneys Neurosen-Theorien beziehen sich auf das Konzept des "Sich-gegen-Menschen-Bewegens", das ein hochgradig gewalttätiger Persönlichkeitsstil ist, auf das Konzept der Hyper-Kompetitivität. Wie sie vorschlug, entschieden sich einige Menschen, um jeden Preis zu kämpfen und zu gewinnen, um ihren Selbstwert zu schützen. Solche Menschen betrachten jeden Vorgang als eine wettbewerbsorientierte Angelegenheit und fühlen sich immer bedroht, wenn sie feststellen, dass sie verlieren. In seiner Studie untersuchten Ryckman et al. (1994) die narzisstischen und psychisch weniger stabilen Männer und Frauen, die sehr wettbewerbsorientiert waren, im Vergleich zu denjenigen, die bei demselben Merkmal niedrig punkteten. Hyperkompetitive Menschen haben nicht nur das Gefühl, dass Gewinnen für sie wichtig ist, sondern es ist alles für sie.

DIMENSIONEN UND ARTEN DES WETTBEWERBS

Das Konzept der Wettbewerbsfähigkeit umfasst verschiedene Dimensionen. Es ist mit verschiedenen Komponenten oder Unterkonzepten verbunden, die ein wesentlicher und untrennbarer Teil der Wettbewerbsfähigkeit sind. Die folgenden Dimensionen haben sich in der Literatur herauskristallisiert.

Wettbewerbsaggression/Eifersucht: Diese Dimension bezieht sich auf die Folgen von Wettbewerb. Das bedeutet, dass man aus Angst vor dem Versagen überdreht. Im Wettbewerb ist eine Seite ein Gewinner und die andere ein Verlierer. Konkurrenzdenken steht im Zusammenhang mit Aggression/Eifersucht bei der Person, die aufgrund von Versagensangst konkurriert. Dies ist der negative Aspekt des Wettbewerbs. Die Kosten der Aggression/Eifersucht können hart sein. Wenn es einen gesunden Wettbewerb gibt, gibt es keine Eifersucht, aber ungesunde und richtungslose Wettbewerbe führen immer zu Eifersucht unter den Teilnehmern. Der Gewinner fühlt sich den anderen immer überlegen. Der Verlierer wird aggressiv oder fühlt sich traurig, wenn andere ihn schlagen. Heutzutage sind wettbewerbsbedingte aggressive Tendenzen sogar unter den Schülern zu beobachten.

Wettbewerbsmotivation: Um ein Ziel zu erreichen und einen Wettbewerb zu gewinnen, ist Motivation eine notwendige Bedingung. Die Person gibt keine Anstrengungen, bis sie motiviert ist. Die Motivation kann intrinsisch sein, wie bei Kindern, wenn sie spielen, oder extrinsisch, wie bei Schülern, die aufgrund des Drucks der Eltern oder des Lehrers bessere Noten als andere erreichen wollen. Ohne

Motivation gibt es kein Überleben im Wettbewerb, egal in welchem Bereich.

Wettbewerblicher Vergleich: Wettbewerb führt immer dazu, dass man beurteilt wird. Es findet immer ein Vergleich zwischen/unter Individuen statt. Zum Beispiel vergleichen Lehrer die Schüler im Klassenzimmer aufgrund ihrer Klassenleistung und ihrer Erfolge. Politiker werden in Bezug auf ihre Popularität verglichen. Menschen vergleichen verschiedene Produkte beim Kauf auf dem Markt. Eltern neigen dazu, ihre Kinder manchmal mit anderen Kindern zu vergleichen und manchmal sind diese Vergleiche zwischen/unter ihren Kindern. Diese Vergleiche erhöhen den Wettbewerb zwischen Personen, Unternehmen und Nationen.

Macht im Wettbewerb: Der Begriff Macht im Wettbewerb oder Wettbewerb um Macht bezieht sich auf das Bedürfnis, im Wettbewerb zu führen und andere zu kontrollieren. Heutzutage will jeder Macht, damit er andere zu seinen Bedingungen arbeiten lassen und sie führen kann. Der Wettbewerb um Macht kann in der Politik, in der Wirtschaft usw. beobachtet werden. Dies ist eine der sehr wichtigen Dimensionen des Wettbewerbs. Das Hauptziel des Wettbewerbs ist es, Macht auf einer breiteren Ebene zu haben.

Anerkennung im Wettbewerb: Manche Menschen nehmen am Wettbewerb nur wegen der Anerkennung teil und sonst nichts. Sie wollen, dass jeder ihre Arbeit sieht und bewertet. Manche Menschen arbeiten sehr hart, bekommen aber nicht die richtige Anerkennung und nehmen deshalb an einem Wettbewerb um Anerkennung teil. Der

Wettbewerb um Anerkennung hilft bei der Entwicklung von Selbstwertgefühl, Respekt und Stolz usw.

Arten von Wettbewerb

Die Interaktion von Individuen, die nach einer gemeinsamen Ressource in einem begrenzten Angebot streben, wird im Allgemeinen als Konkurrenz betrachtet, aber auch als direkte oder indirekte Interaktion zwischen Organismen charakterisiert, die zu einer Veränderung der Fitness führt, wenn die Organismen die gleiche Ressource haben. Die Folge wirkt sich im Allgemeinen negativ auf die schwächeren Konkurrenten aus (Lang, & Benbow, 2013). Die Konkurrenz tritt im Wesentlichen auf drei Arten auf. Zwei davon, die Konkurrenz um Störung und Ausbeutung, werden als echte Konkurrenz eingestuft. Eine scheinbare Konkurrenz, eine dritte Kategorie, ist es nicht. Interferenzrivalität findet direkt zwischen Individuen statt und es gibt eine indirekte Konkurrenz zwischen Individuen um Ausbeutung und scheinbare Konkurrenz (Holomuzki et. al 2010).

Organismen existieren in ökologischen Gemeinschaften, die als eine Populationsgruppe von mindestens zwei verschiedenen Arten definiert sind, die in einem definierten geografischen Gebiet direkt und indirekt miteinander interagieren (Agrawal et al. 2007; Ricklefs 2008; Brooker et al. 2009). Die Interaktionen von Organismen bilden die Grundlage für viele Ökosysteme und Prozesse wie z. B. Nährstoffkreisläufe und Nahrungsnetze. Je nach Kontext und Umweltfaktoren, in denen sie auftreten, kann das Wesen dieser Interaktion variieren. Dies führt zu der Herausforderung, ökologische Wechselwirkungen zwischen einzelnen Organismen und ganzen Arten zu identifizieren und zu bewerten und oft auch den Grad und den Kontext der Wechselwirkungen (Harrison & Cornell 2008; Ricklefs 2008; Brooker et al. 2009). In vielen Umgebungen und Ökosystemen können jedoch verschiedene Interaktionen zwischen Arten identifiziert werden. Bei der Untersuchung einer ökologischen Umgebung kann die Verwendung dieser Interaktionsgruppen den Wissenschaftlern ermöglichen, die auftretenden Prozesse zu identifizieren und ihnen dabei helfen, vorherzusagen, wie sich menschliche Veränderungen in der natürlichen Welt auf die Eigenschaften und Prozesse des Ökosystems auswirken können.

Ökologische Wechselwirkungen können auf der gröbsten Ebene als intra-spezifisch oder inter-spezifisch charakterisiert werden. Interaktionen zwischen Individuen der gleichen Art sind intra-spezifisch, während Interaktionen zwischen zwei oder mehr Arten als inter-spezifische Interaktionen bezeichnet werden. Da die Mehrzahl der Organismen in Ökosystemen lebt, können solche Interaktionen von anderen Arten und deren Interaktionen beeinflusst werden und einen indirekten Einfluss haben. Dies sind nicht die einzigen Arten von Interaktionen zwischen Arten, die am meisten untersucht wurden - sie alle sind Bestandteile eines größeren Netzwerks von Interaktionen, die komplexe natürliche Beziehungen ausmachen.

Interferenzkonkurrenz: Wenn ein Individuum direkt das Verhalten der Ressourcen anderer verändert, wird die Interaktion als Interferenzkonkurrenz bezeichnet. Wenn z. B. ein männlicher Hund anderen Rüden durch physische Aggression den Zugang zur Paarung verwehrt, verändert das dominante Männchen direkt das

Paarungsverhalten anderer Rüden. Dies ist ebenfalls ein Beispiel für eine Interaktion.

Ausbeutungskonkurrenz: Sie findet statt, wenn Menschen indirekt miteinander interagieren, wenn sie um gemeinsame Ressourcen wie Land, Beute oder Nahrung konkurrieren. Einfach ausgedrückt, reduziert die Nutzung der Ressource durch ein Individuum die Menge, die für andere Menschen zugänglich ist. Ob durch Einmischung oder Ausbeutung, ein überlegener Konkurrent könnte im Laufe der Zeit einen geringeren Konkurrenten aus dem Gebiet verdrängen und so zum Wettbewerbsausschluss beitragen (Hardin, 1960). Gleichungen können verwendet werden, um die Ergebnisse der Konkurrenz zwischen zwei Arten vorherzusagen, und eine der bekanntesten ist die Lotka-Volterra-Gleichung (Volterra 1926, Lotka 1932). Dieses Modell bezieht sich auf die Populationsdichte und die Fähigkeit von zwei Arten, sich gegenseitig zu beeinflussen. Spezies A wird von Spezies B konkurrierend verdrängt; Spezies B wird von Spezies A konkurrierend verdrängt; Spezies B gewinnt entweder durch die Populationsdichte, oder Spezies B koexistiert. Wenn die intraspezifischen Arten die interspezifische Konkurrenz übertreffen, können sie weiterhin gemeinsam existieren. Dies bedeutet, dass jede Art ihr eigenes Populationswachstum hemmt, bevor sie das des Konkurrenten hemmt, was zu einer Koexistenz führt.

Die Annahme alternativer Lebens- und Ausbreitungsstrategien, die im Allgemeinen durch natürliche Selektion verstärkt werden, ist ein weiterer Mechanismus zur Vermeidung von Konkurrenzausschluss. Dieser Mechanismus reduziert die Konkurrenz und erhöht die

17

Möglichkeit der Neubesiedlung und des Erwerbs von Nährstoffen. Der Erfolg hängt oft von Ereignissen ab (z. B. Gezeiten, Überschwemmungen oder Feuerunterbrechungen), die die Möglichkeit zur Ausbreitung und zum Erwerb von Nährstoffen schaffen. Nehmen wir an, dass die Pflanzenart A bei der Aufnahme von Nährstoffen effektiver ist als die der Pflanzenart B, dass aber die Pflanze B ein besserer Verteiler ist. In diesem Fall ist die Konkurrenzressource Nährstoffe, aber der Erwerb von Nährstoffen ist mit der Verfügbarkeit verbunden. Wenn eine Störung neue Besiedelungsflächen eröffnet, wird zuerst die Pflanze B ankommen und dort bleiben, bis die Pflanze A kommt und mit der Pflanze B konkurriert. Letztendlich wird die Pflanze A mit der Pflanze B konkurrieren, vielleicht indem sie schneller wächst, da die Pflanze A effektiver in der Nährstoffaufnahme ist. Während die Population von Pflanze A zunimmt, nimmt die Population von Pflanze B ab, und es bleibt genügend Zeit, um diesen Bereich zu verlassen. Pflanze B kann vermieden werden, indem durch lokale Störungen (z. B. Präriebrände) neue Möglichkeiten (Raum) für die Besiedlung geschaffen werden. Dies kommt in der Natur häufig vor, und so können Störungen konkurrierende Interaktionen ausgleichen und konkurrierenden Ausschluss verhindern, indem sie Stellen schaffen, die von weiter verbreiteten Arten leicht besiedelt werden können (Roxburgh et al. 2004). Der Erfolg des Handels "Streuung vs. Nährstofferwerb" in Bezug auf die Verbreitungsrate zwischen Individuen der konkurrierenden Arten hängt jedoch von der Häufigkeit und der räumlichen Nähe (bzw. dem Ausmaß, in dem sie sich nahe sind) ab. Koexistenz ist möglich, wenn Störungen in einer

Häufigkeit oder Entfernung auftreten, die es dem Konkurrenten erlauben, sich in einem schwächeren, aber oft besser verteilten Habitat zu halten. Wenn die Störung zu häufig auftritt, gewinnt der schwächere Konkurrent (besserer Disperser), aber die seltene Störung führt zu einem Konkurrenzausschluss, der den überlegenen Konkurrenten langsam überwindet. Dies wird als die Hypothese der intermediären Störung bezeichnet (Horn, 1975; Connell, 1978).

Scheinbare Konkurrenz: Sie findet statt, wenn zwei Personen, die nicht direkt um Ressourcen konkurrieren, sich indirekt gegenseitig beeinflussen, indem sie die Beute desselben Raubtiers sind (Hatcher et al. 2006). Betrachten Sie eine Schlange, die Ratten erbeutet. Wenn die Rattenpopulation wächst, kann die Schlangenpopulation positiv beeinflusst werden, da mehr Ratten als Beute für die Schlangen zur Verfügung stehen. Eine höhere Rattenpopulation kann jedoch letztendlich zu einer größeren Schlangenpopulation führen, die mehr Beute benötigt. Wenn die Rattenpopulation abnimmt, kann sich dies negativ auf die Schlangen auswirken. Der gegenteilige Effekt kann auch durch eine Verringerung des Nahrungsangebots der Raubtiere erreicht werden. Wenn die Rattenpopulation reduziert wird, kann die Population der Schlangen indirekt reduziert werden, da sie die größte Nahrungsquelle für die Schlangen sind. Es kann schwierig sein, offensichtliche Konkurrenz in der Natur zu erkennen, was oft an der Komplexität indirekter Interaktionen liegt, an denen mehrere Arten und wechselnde Umweltbedingungen beteiligt sind.

WETTBEWERB IN DER SOZIOLOGIE

Wettbewerb ist ein Kampf zwischen zwei oder mehreren Arten, Organismen, Personen, Gemeinschaften, Nationen und Gesellschaften um Reichtum, Waren, Freunde, Ansehen, Popularität, Ruhm, Belohnungen, soziales Ansehen oder Führung. Konkurrenz ist bekanntlich das Gegenteil von Kooperation. Sie findet statt, wenn mindestens zwei Parteien ein Ziel anstreben, das nicht geteilt werden kann oder das individuell, aber nicht im Sinne des Teilens und der Kooperation gewollt ist. Die Konkurrenz findet auch zwischen lebenden Organismen statt, die in der gleichen Umgebung koexistieren (Keddy, 2001). Zum Beispiel kämpfen Tiere um Wasser, Nahrung, Partner, Gebiete oder Unterschlüpfe und andere biologische Ressourcen. Menschen konkurrieren häufig um Nahrung und Partner, aber wenn diese Bedürfnisse bis zu einem gewissen Grad befriedigt sind, entstehen oft tiefe Rivalitäten in Bezug auf das Streben nach Vermögen, Ansehen und Ruhm.

Wettbewerb ist tief in der Industrie und in der Wirtschaft der Verbraucher verankert. Er ist auch gleichbedeutend mit Rivalität, da die meisten Unternehmen mit anderen Firmen in der gleichen Kategorie von Kunden konkurrieren. Wettbewerb innerhalb eines Unternehmens ist oft vorhanden, um eine höhere Qualität der Dienstleistungen oder Waren zu fördern, zu loben und zu erreichen, die das Unternehmen produziert oder schafft. Einige Denker betrachten Wettbewerb als eine angeborene Eigenschaft. Sie sei bei allen Tieren vorhanden, sagen sie. Doch Wettbewerb ist eben keine angeborene Eigenschaft, sondern ein soziales Phänomen. Er tritt nur dann auf, wenn das Gewünschte unzureichend ist. Sie variiert von Gesellschaft zu Gesellschaft im Grad. Sein Grad richtet sich nach sozialen und religiösen Normen. Es ist ein Mechanismus, der ein kulturelles Muster hat.

Konkurrenz ist im sozialen Leben wichtig, ebenso wie Kooperation. Dies rührt daher, dass Menschen in der Lage sind, sich individuell zu verhalten und die Fähigkeit haben, durch autonomes Handeln eine individuelle Perspektive zu erlangen. Einige Soziologen behaupten, dass dieser Mechanismus viel grundlegender ist als die Kooperation. Hobbes hatte festgestellt, dass der Kampf das Grundgesetz des Lebens ist und dass der früheste Mensch im ständigen Kampf lebte. Die Meinung von Hobbes wurde auch von Hume, Hegel, Rousseau und Bagehot unterstützt. Später betonte die Evolutionstheorie von Darwin die Bedeutung des Wettbewerbs in der Gesellschaft, als Ergebnis des "Überlebens des Stärkeren". Es wurde auch bekräftigt, dass die Natur auch auf die menschliche Natur und die menschliche Kultur zutreffen muss, wenn der Konflikt vorherrschend ist. Aber nicht nur der Wettbewerb, sondern auch die Kooperation spielt eine wichtige Rolle beim Überleben.

Nach Bogardus (1920) sind Gruppenkonflikte kritische Phänomene, die aus den frühen Lebenskämpfen entstehen. Der Konkurrenzinstinkt treibt diese Kämpfe an. Wenn sie mit der Konfrontation anderer Menschen gepaart sind, nimmt die Kühnheit des Einzelnen massenhafte Ausmaße, koordinierte Taktiken und enorme Stärke an. Familien kämpfen mit Familien um den Wohlstand, Unternehmen um den Handel, und Nationen kämpfen mit Ländern, um ihren Handel voranzutreiben und ihr Territorium zu erweitern. Der

Mensch und seine Gruppe sind ständig im Konflikt. Der kleine Sohn stellt beide Elternteile in Frage, der junge Mann verstößt gegen die Teamregeln und der Erwachsene verletzt die gesellschaftlichen Gesetze. Eine Person wird zum Klientelführer und es entsteht ein Minderheiten-Eltern-Konflikt. Eine mächtige Person teilt eine revolutionäre Idee mit, und dann neigen andere Menschen dazu, sich auf die Seite der neuen Propaganda zu stellen oder gegen sie.

Manche Streitigkeiten sind besonders zerstörerisch, andere wiederum sind für beide Seiten vorteilhaft. Der Streit zwischen einem Unternehmen und einem Konkurrenten führt normalerweise dazu, dass das Unternehmen den kleinen Betrieb zerstört oder zumindest absorbiert. Zwei benachbarte Landwirte, die um die Ehre konkurrieren, können jedoch beide in Bezug auf den Getreideertrag pro Acker profitieren. Zwei Gehöfte können ohne Verluste im Entwicklungswettbewerb beide Nutzen ziehen. Zwei Universitäten werden sich durch den Konflikt gegenseitig befruchten, so dass die Studenten und Fakultäten beider Institutionen und der Öffentlichkeit profitieren.

Der Konflikt zwischen den Gruppen ist ein Aspekt der Entwicklung, ohne dass ein Konflikt zu ungleich ist, ob er nun die Form des konkurrierenden Konsums von Gütern annimmt oder nicht, oder ob er nicht auf das hohe, transparente und sozialisierte Niveau steigt. Für jede dieser Bestimmungen gibt es eine große Macht, und zusammen sind sie immens. Indem die Gesellschaft die Grenzen des Konflikts innerhalb der produktiven Grenzen bewahrt, muss sie sich vor der Zerstörung schützen. Die Vereinigten Staaten sind heute in ernster Gefahr, weil Kapital und Arbeit ohne Rücksicht auf die Öffentlichkeit die Oberhand gewonnen und gelitten haben. Der Kampf geht genauso weiter, wenn einzelne Zuschauer getötet werden oder benachbarter Besitz verloren geht. Die Nation muss sich an dem Krieg beteiligen. Der Wettbewerb im Konsum von gesellschaftlich erwünschten Produkten ist sozial zersetzend, nicht der Wettbewerb in der Produktion von menschlichen Werten. Wettbewerb ist ineffizient und unpatriotisch beim Konsum von Vergnügungsautomobilen. Konflikte mit Enttäuschung, physischen Kämpfen statt offener Auseinandersetzung und Ablehnung sozialer Werte führen zu Rückständigkeit und Unmenschlichkeit.

WETTBEWERBSÖKOLOGIE UND -BIOLOGIE

Der Wettbewerb zwischen den Arten und innerhalb der Arten ist einer der mächtigsten Faktoren in der Biologie und Ökologie. Konkurrenz ist eine Interaktion zwischen Tieren und Organismen, die einem schadet, wenn beide versuchen, die gleiche Ressource für Wachstum, Fortpflanzung und Überleben zu nutzen. Die Tatsache, dass Ressourcen knapp sind, trägt zur Rivalität bei. Es gibt nicht genügend Mittel, um einen fairen Zugang und eine faire Versorgung für alle Parteien zu gewährleisten. Es kann zu Konkurrenz zwischen den Organismen der gleichen Art oder zwischen den verschiedenen Mitgliedern einer Art kommen. Der Wettbewerb zwischen Mitgliedern einer Art um den Erwerb von Ressourcen wie Nahrung, Wasser, Sonnenlicht und Land kann zu einem Kampf ums Überleben führen. Der Wettbewerb zwischen den Arten kann dazu führen, dass entweder eine der Arten ausstirbt oder dass beide abnehmen. Dieser Prozess kann aber auch durch Umweltveränderungen oder Innovationen, die die Spielregeln verändern, gestört werden. Konkurrenz gibt es auch, wenn Arten in ihrem Verbreitungsgebiet begrenzt sind, meist durch direkte Konkurrenz von anderen Organismen. Stark konkurrierende Strategien innerhalb von Arten führen irgendwann zum Aussterben von Arten, insbesondere wenn die Umweltbedingungen rau sind (Baldauf, 2014).

Es gibt auch eine Rivalität zwischen den Arten. Eine solche Rivalität ist offensichtlich, wenn die Ressourcen begrenzt sind. Unter diesen Bedingungen können mehrere Arten auf die begrenzten Ressourcen zurückgreifen. Daher muss jede Art mit den anderen Arten sowohl um das Überleben als auch um den Zugang zu den Ressourcen konkurrieren. Infolgedessen überleben Organismen, die weniger angepasst sind, um um Ressourcen zu konkurrieren, nicht oder müssen nach einem alternativen Ort suchen, an dem sie überleben können. In der Evolutionstheorie wird argumentiert, dass der Wettbewerb innerhalb und zwischen Organismen um verschiedene Ressourcen eine wichtige Rolle bei der natürlichen Selektion spielt. Der Wettbewerb ist auch einer der wichtigsten Faktoren, die die Vielfalt in ökologischen Ökosystemen über einen kurzen Zeitraum beeinflussen, aber die langfristige Ausdehnung und Kontraktion des ökologischen Raums ist viel wichtiger als der Wettbewerb (Sahaney, 2010). Dies wird durch die lebende natürliche Vegetation demonstriert, in der ungleichmäßige Konkurrenz und konkurrierende Dominanz üblich sind.

Intra-spezifische Konkurrenz: Eine dichteabhängige Art der Konkurrenz ist die intra-spezifische Konkurrenz. "Intra" bezieht sich auf die Konkurrenz innerhalb der Art eines bestimmten Organismus, während "inter" die Konkurrenz zwischen verschiedenen Arten meint. Zum Beispiel, wenn zwei Hunde miteinander um die territoriale Vorherrschaft kämpfen. Das ist das Beispiel für intra-spezifische Konkurrenz. Zum einen ist die intra-spezifische Rivalität dichteabhängig. Je mehr Hunde zu dritt an einem Ort sind, desto weniger Nahrung bekommen sie. Die effektivsten Hunde (diejenigen, die am meisten überleben und sich am meisten fortpflanzen) sind einfach diejenigen, die am meisten fressen und nur wenig Konkurrenz haben.

Daher bereiten sich solche Hunde darauf vor, die Kontrolle über ihr Territorium zu übernehmen. Diejenigen Hunde, die bei der

Besetzung des Platzes erfolgreich sind, bekommen bessere und mehr Nahrung zu fressen und vermehren sich mehr. Die Überlebensmöglichkeiten werden verbessert und die Aufteilung wird reduziert. Da die Evolution in erster Linie darauf basiert, welche Arten sich fortpflanzen, wird diese Art von Wettbewerb schnell zu Veränderungen in der Population führen, wenn nur einige wenige von ihnen überleben und sich fortpflanzen.

Interspezifische Konkurrenz: Die interspezifische Konkurrenz tritt zwischen Individuen verschiedener Arten auf. Solange sie um eine Ressource kämpfen, kann dies bei zwei beliebigen Tieren der Fall sein. Diese Art der Konkurrenz ist unter verschiedenen Tierarten, die auf der Erde leben, unter dem Wasser sowie unter den Vögeln zu beobachten. Im Dschungel geht es unter verschiedenen Arten weiter um Nahrung, Bewohner und Überleben. Viele Kategorien von Tieren haben aggressive Begegnungen für Nahrung und Überleben. Ähnlich gibt es verschiedene Arten von Meerestieren, die eine bedrohliche Konkurrenz für andere Kategorien darstellen. Auch einige Vögel, die zu verschiedenen Kategorien gehören, konkurrieren um ihr Nest und ihren Nahrungsanteil.

Raub verlangt, dass eine Person, das Raubtier, eine andere Person tötet und die Beute frisst. Raubtier und Beute sind in vielen Beispielen dieser Beziehung beide Tiere; Protozoen sind dafür bekannt, Bakterien und andere Protozoen zu erbeuten; bestimmte Pflanzen sind jedoch dafür bekannt, Insekten zu fangen und zu verdauen, wie z. B. Kannen. Diese Interaktion findet normalerweise zwischen den Arten statt (interspezifisch), aber Kannibalismus ist das Ergebnis dieser

Interaktion innerhalb der Art (intra-spezifisch). Sowohl aquatische als auch terrestrische Nahrungsnetze enthalten Kannibalismus (Huss et al. 2010; Greenwood et al. 2010). Er tritt häufig auf, wenn die Nahrungsressourcen knapp sind und Organismen der gleichen Art gezwungen sind, sich gegenseitig zu ernähren. Überraschenderweise kann die Art (aber nicht die Beute) als Ganzes davon profitieren, da die Population nur begrenzte Ressourcen zur Verfügung hat und gleichzeitig die knappen Ressourcen durch den geringeren Fütterungsdruck wieder aufgefüllt werden können (Huss, et al. 2010). Die Raubtier-Beute-Beziehung, die als "evolutionäres Wettrüsten" bezeichnet wird, kann durch komplexe Anpassungen von Raubtieren und Beutetieren sehr komplex sein. Zu den typischen räuberischen Anpassungen gehören flache Zähne und Krallen, Stachel oder Gift, ein schneller und flexibler Körper, Tarnung und ein ausgezeichneter Geruchs-, Hör- und Sehsinn. Raubtierarten haben sich entwickelt, um die Beute durch eine Vielzahl von Abwehrmechanismen zu schützen, darunter Verhalten, Morphologie, Physiologie, mechanische Synchronisation und chemische Abwehrmechanismen (Aaron, Farnsworth et al. 1996).

Direkter und indirekter Wettbewerb: Es gibt noch einen weiteren Aspekt des Wettbewerbs, der auf ressourcenbegrenzte Situationen ausgedehnt werden kann, nämlich den direkten gegenüber dem indirekten Wettbewerb. Direkte Konkurrenz ist wie die beiden oben genannten Arten. Wann immer zwei oder mehr Tiere kämpfen oder eine symbolische Meinungsverschiedenheit haben, handelt es sich wahrscheinlich um eine Form der Ressourcenrivalität.

28

Indirekte Konkurrenz ist jedoch, wenn beide Tiere nicht miteinander konkurrieren, sondern die Konkurrenz durch die Anwesenheit beider Tiere am selben Ort ausgelöst wird. Betrachten Sie den Hund im obigen Fall. Wenn diese Hunde das gleiche Futter fressen und um die begrenzten Ressourcen konkurrieren, dann wird dies besser als indirekte asymmetrische Rivalität betrachtet.

WETTBEWERB IN WIRTSCHAFT UND HANDEL

Laut Merriam-Webster (2015) ist Rivalität im Wirtschaftssektor "das Bestreben von zwei oder mehr Parteien, die unabhängig voneinander handeln, um sich das Geschäft einer dritten Partei zu sichern, indem sie die günstigsten Bedingungen anbieten". Adam Smith in The Wealth of Nations und spätere Ökonomen beschrieben die Zuteilung von produktiven Ressourcen zu ihren wertvollsten Verwendungen und die Förderung der Effizienz (George, 2008). Die mikroökonomische Theorie unterscheidet zwischen Monopol, monopolistischer unvollkommener Konkurrenz und perfekter Konkurrenz und kommt schließlich zu dem Schluss, dass die Verteilung der Ressourcen in perfekter Konkurrenz effektiver ist als in jeder anderen Situation. Nach dieser Theorie führt der Wettbewerb dazu, dass Unternehmen neue Dienstleistungen, Güter und Innovationen schaffen, die den Kunden eine größere Zufriedenheit durch Vielfalt und verbesserte Produkte bieten. Wettbewerb führt zu größerer Vielfalt, was in der Regel zu niedrigeren Preisen für Güter im Vergleich zu höheren Preisen im Falle von unvollkommenem Wettbewerb, geringem Wettbewerb und Monopol führt.

Die globale Wirtschaft und die weltweite Rivalität führen dazu, dass der Marktwettbewerb für kleine Unternehmen hart ist. Durch die vielen Rekrutierungs-, Bestell- und Vertriebsmöglichkeiten, die weltweit zur Verfügung stehen, ist das Geschäft sehr viel wettbewerbsintensiver geworden. Der Wettbewerb macht es für Kleinunternehmer viel schwieriger, von ihrem Geschäft oder ihren Dienstleistungen zu profitieren. Sie sind mit einer steigenden Anzahl von Unternehmen und Märkten konfrontiert und müssen versuchen, sich gegen die Konkurrenz durchzusetzen. Andere Unternehmen, die Jobs auslagern, haben Komponenten, die extrem hart sein können. Große Unternehmen können leicht Mitarbeiter online oder aus anderen Ländern rekrutieren und den Mitarbeitern einen weitaus niedrigeren Lohn zahlen als kleine Unternehmen, die keinen einfachen Zugang zum Arbeitsmarkt haben. Kleine Unternehmen regulieren sich selbst durch den Standort und den Umfang der Beschäftigung. Kleine Unternehmen verwalten sich selbst.

Die Konstruktivität des Wettbewerbs für die Rentabilität wird auch von Experten bezweifelt. Umsatz und Nutzen sind ebenfalls miteinander verknüpft, und wettbewerbsgetriebene Ziele können als kontraproduktiv für Einkommenswachstum und Rentabilität empfunden werden. Beides schränkt die Möglichkeiten von Strategien für Unternehmen und Betriebe ein, kreativ auf Marktveränderungen zu reagieren (Armstrong, 1994). Darüber hinaus hat der Wettbewerbsanreiz, konkurrierende Unternehmen mit niedrigeren Preisen zu besiegen, eine hohe Wahrscheinlichkeit, Preiskriege zwischen Unternehmen auszulösen (Armstrong, 2007). Es wurden drei Ebenen des wirtschaftlichen Wettbewerbs klassifiziert:

Direkte Wettbewerber: Im direkten Wettbewerb verkaufen direkte Konkurrenten in der Regel dieselben Waren und Dienstleistungen an dieselben Verbraucher und denselben Zielmarkt, um Gewinne und Marktanteile zu steigern. Das bedeutet, dass direkte Wettbewerber auf denselben Verbraucher abzielen und dieselben Waren verkaufen.

Indirekte Wettbewerber: Im indirekten Wettbewerb liefern Unternehmen die gleichen Waren und Dienstleistungen wie direkte Konkurrenten, aber die Ziele sind andere. Diese Konkurrenten verwenden einen gemeinsamen Ansatz, um den Umsatz zu steigern.

Budget-Wettbewerb: Wettbewerb, bei dem die Kunden wählen, wie sie das ihnen zur Verfügung stehende Geld ausgeben. Zum Beispiel, wenn eine Familie 5000 $ zur Verfügung hat und sie sich entscheidet, es für verschiedene Dinge auszugeben, die miteinander um die Ausgaben einer Familie konkurrieren. Diese Art von Wettbewerb wird oft auch als "Share of Wallet"-Wettbewerb bezeichnet.

Wettbewerb zwischen Unternehmen ist nicht immer der Fall. Allerdings ist der Wettbewerb innerhalb von Unternehmen immer noch sehr weit verbreitet. Er wird als interner Wettbewerb bezeichnet. Das Konzept wurde erstmals in den 1920er Jahren von Alfred Sloan bei General Motors entwickelt. Sloan schuf absichtlich Bedingungen, die Überschneidungsbereiche zwischen den Abteilungen des Unternehmens schufen, so dass jede von ihnen mit der anderen konkurrieren konnte. Letztlich fördern Konzerne oft absichtlich die Rivalität zwischen einzelnen Mitarbeitern. Ein Beispiel dafür ist die Rivalität zwischen Vertriebsmitarbeitern. Der Außendienstmitarbeiter mit den höchsten Umsätzen über einen bestimmten Zeitraum hinweg wird vom Arbeitgeber belohnt. Dies wird oft als markeninterner Wettbewerb bezeichnet.

Der geschäftliche und wirtschaftliche Wettbewerb in überwiegend nicht-kapitalistischen Ländern ist meist eingeschränkt oder begrenzt. Der Wettbewerb unterliegt auch rechtlichen

Beschränkungen. Zum Beispiel kann der Wettbewerb gesetzlich verboten sein, wie im Fall einer sozialistischen oder halbsozialistischen Gesellschaft mit einem staatlichen Monopol oder einem staatlich gewährten Monopol. Zölle, Zölle oder andere protektionistische Maßnahmen sind weitere bekannte Mittel, die von der Regierung ergriffen werden, um den Wettbewerb zu entmutigen oder einzuschränken. Dies hängt von der Wirtschaftspolitik des jeweiligen Landes ab. In der offenen kapitalistischen Gesellschaft hingegen wird der reine Wettbewerb nicht durch Wettbewerbspolitik und Wettbewerbsrecht geregelt. Ein weiterer Teil dieser Restriktionspraktiken ist der Entdeckungsprozess, bei dem höhere staatliche Restriktionen gewöhnlich dazu beitragen, dass weniger wettbewerbsfähige Unternehmen gegründet werden (Kirzner, 1982).

Wirtschaftliche Rezessionen und Wettbewerb

Der Wettbewerb in Marktkrisen ist ein weiterer Kampf, dem sich Unternehmen stellen müssen. Wenn eine Wirtschaft zusammenbricht, entstehen mehrere kleine Unternehmen aus Einzelpersonen, die lieber selbständig als arbeitslos sein wollen. Die Selbstständigkeit nimmt aufgrund wirtschaftlicher Rezessionen zu, da die Menschen kein Geld verdienen können. Ein weiteres Merkmal einer ungünstigen Wirtschaftslage ist, dass diese neuen Firmen auch nach jedem Geld schauen wollen, das sie bekommen können, und niedrige Preise für Jobs, Dienstleistungen oder Produkte verlangen, die potenziell schlecht sind. Dies ist für kleine Unternehmen in der Regel schwierig, da alle zusätzlichen Unternehmen zukünftige Einnahmen stehlen und die Einnahmen eines einzelnen Unternehmens minimieren. Außerdem haben die Menschen weniger Geld zur Verfügung, wodurch ihr Geld knapper wird. In der Folge wirkt sich dies auch auf den Umsatzstrom eines Unternehmens aus. Da die ganze Konkurrenz beginnt, müssen Unternehmen ihre Preise zeitweise senken, nur um einen Gewinn zu erzielen. Für kleine Unternehmen, die nun weiter um den Zusammenbruch kämpfen müssen, ist das eines der schlimmsten Szenarien.

Wettbewerbsverlust

Schneiden ist nicht immer machbar und Möglichkeiten des Wettbewerbsverlustes sind auch vorhanden. Wettbewerbsverlust ist ein Begriff, mit dem viele Organisationen ständig zu kämpfen haben. Dieser Gedanke liegt darin begründet, dass die Unternehmen zwar arbeiten und nach all den Anstrengungen Geld verdienen, aber dennoch ihre Gewinne verlieren. Die Rendite ist eine andere Art, darüber nachzudenken. Eine Analogie, die helfen könnte, ist, sich vorzustellen, dass man das Boot stromaufwärts rudert, aber es zieht einen trotzdem stromabwärts, egal wie hart und schnell man rudert. Das liegt an anderen Konkurrenten, die diese Firmen abkoppeln können und es auch tun. Dies kann aus vielen Gründen geschehen. Unternehmen geben den Verbrauchern auch eine Belohnung und einen Vorteil, wenn sie in ihren Geschäften kaufen oder ihre Dienstleistungen nutzen. Viele moderne kleine Unternehmen haben ganz offensichtlich das Konzept des Wettbewerbsverlusts oder der Wettbewerbserholung. Einer der Gründe dafür ist, dass diese kleinen Unternehmen keine Start- oder laufenden Ressourcen haben, um die Geschäfte und Dienstleistungen der größeren Konkurrenten auszugleichen. Todd A. Knoop, der Autor des Buches

"Marktzyklen - Rezessionen und Depressionen verstehen", bezieht sich auf den Konjunkturzyklus und darauf, wie Missverständnisse zu negativen Auswirkungen führen können. Das Zitat veranschaulicht die Idee, dass manchmal das, was wir denken, dass es funktioniert, nach hinten losgehen kann (Knoop, 2010, S. 146). "Falsche Erwartungen können dazu führen, dass der Output um 50 Prozent sinkt." Es handelt sich dabei um schlechte Kenntnisse, Ideen und falsche Vorstellungen über das Engagement von Unternehmen, die alle zu einem Wettbewerbsverlust führen können. Alles Positive hat etwas Negatives, und während ein kleines Unternehmen vielleicht flexibler mit den Kunden umgehen kann, kann es sich nicht leisten, einen Anteil zu verlieren, weil es mit den Geschäften, Aktionen usw. der Konkurrenz mithalten will. In diesen Situationen sehen wir, dass der Verlust aufgrund der Auswirkungen der Konkurrenz auf ihr Geschäft geschieht. Viele kleine Unternehmen scheinen den Turnaround zu schaffen, weil sie zu früh damit beginnen, es zu versuchen.

Viele Unternehmen machen sich Gedanken darüber, wie sie ein weiteres Jahr überleben können, wenn aus Verlusten Gewinne werden können. Der Wettbewerb hat so viele Facetten, die jede Organisation und ihre Ziele negativ beeinflussen können. Unternehmen machen sich oft Gedanken über die Art und Weise, wie sie ihre Mitarbeiter beschäftigen, wie sie sie einstellen, feuern, entlassen, die Löhne erhöhen usw. Sie müssen gegen alle anderen Konkurrenten antreten, um zu zeigen, dass Ihr kleines Unternehmen international vor vielen anderen Unternehmen anerkannt werden sollte. Das Unternehmen muss um jeden Dollar konkurrieren, wenn die Zeiten eng werden und die

Wirtschaft sich abschwächt. Darüber hinaus müssen sie sicherstellen, dass alle ihre Statistiken korrekt sind, alle Gesetze befolgen und Richtlinien befolgen, um sicherzustellen, dass ein legitimes Unternehmen ordnungsgemäß geführt wird. Es kann entmutigend sein, all diese Dinge zu tun, aber sie sind zu bewältigen, wenn ein kleines Unternehmen in die richtige Richtung geht, die richtigen Entscheidungen trifft und hart genug arbeitet. Kleine Unternehmen haben viele Hindernisse, aber diese Unternehmen werden überleben, wenn sie bestimmte Hindernisse überwinden. Obwohl der Wettbewerb zwischen Firmen sehr schädlich für die Firmen ist, sind wir alle froh, dass wir als Kunden davon profitieren können.

Einige andere Unternehmen, darunter Wal-Mart, haben so niedrige Preise festgelegt, dass jeder andere Konkurrent versuchen würde, bei anderen Gelegenheiten mit ihren niedrigen Preisen gleichzuziehen. Die Erklärung von Michael Edwards (2010) weist darauf hin, dass Rivalität nicht unbedingt ein gesunder Charakterzug für die Gesellschaft ist, sondern dass sie der sozialen Struktur schaden kann. "Die erfolgreichen Märkte zeichnen sich dadurch aus, dass sie sich durch einen guten Wettbewerb auszeichnen, der sich nicht nur an den Kosten, sondern auch an einem einfachen Ergebnis orientiert, wie es z. B. bei Wal-Mart zu beobachten ist. Das liegt daran, dass der Wettbewerb oft so stark ist, dass er der Wirtschaft und der Gesellschaft ernsthaft schaden kann. Die Organisation, die diese Leistungen erbringt, und ihre Konkurrenten sind in Gefahr, Schaden zu nehmen. Die Risiken für die Organisation, die Anreize setzt, bestehen darin, so viel zu liefern, dass sie Einnahmen verliert. Deshalb ist es für einen

Finanzberater oder ein Analystenteam von entscheidender Bedeutung, diese Taktiken auszuführen. Die Gefahren für Unternehmen, die in der gleichen Branche, aber nicht in dieser Region tätig sind, bestehen darin, dass sich alle Verbraucher an das erste Unternehmen wenden werden, das etwas extra anbietet. Im Wettbewerb zwischen den Unternehmen und in der Art und Weise, wie Firmen mit ihren Kunden kommunizieren, spielen mehrere Faktoren eine Rolle. Es sind diese Unwägbarkeiten, bei denen Unternehmen vor ihrem drohenden Scheitern stehen und die größten Schwierigkeiten haben. Je mehr Sie versuchen, desto mehr Überlegungen müssen Sie in Ihr Unternehmen integrieren und sich darüber Gedanken machen. Ein Rückschritt ist für Unternehmen ein schreckliches Gefühl; niemand will arbeiten oder einen Cent bekommen. Aus diesem Grund sind Wettbewerbsverluste so lähmend und potenziell kostspielig für Unternehmen.

Die Autorin von "Remix: Reading Composing Culture" Catherine Latterall, sagt, dass es am besten ist, wenn sie allgemeine Annahmen macht. Sie diskutiert dann die positiven und negativen Implikationen von Wettbewerb und zeigt, wie Menschen glauben, dass Wettbewerb als etwas Gutes angenommen wird. "Wettbewerb macht uns besser" (Latterall, 2017, S. 207) Unternehmen kämpfen jeden Tag darum, ihre Ziele zu erreichen, und kämpfen darum, der Konkurrenz voraus zu sein. Doch trotz des Wettbewerbs gibt es einige wenige Eliteunternehmen, die sich auszeichnen. Eine weitere Erklärung, warum viele kleine Unternehmen Probleme haben, sind die Annahmen der Verbraucher. Die Menschen sehen auch nicht den Nutzen dessen, was sie gekauft haben, wenn sie ein Produkt oder eine Dienstleistung kaufen. Viele Unternehmen, vor allem Dienstleistungsunternehmen, haben Schwierigkeiten, die ganze Zeit und den Effekt zu erkennen, der mit der Entwicklung eines fertigen Produkts verbunden ist. Oftmals scheitern Unternehmen an diesem unentdeckten Aufwand. Ein kleines Unternehmen muss ein gutes Selbstbild haben, sonst ist das Unternehmen nicht wettbewerbsfähig, und deshalb verliert das Unternehmen erheblich, wenn die Leute bei diesen kleinen Unternehmen das Schlimmste denken.

Wege zur Förderung eines positiven Wettbewerbs

Die Projektteams und Unternehmen wollen einen positiven Wettbewerb. Die folgenden Richtlinien können auch verwendet werden, um sicherzustellen, dass ein Projektteam oder Unternehmen konstruktiven Wettbewerb fördert und gleichzeitig negativen Wettbewerb entmutigt und möglicherweise beseitigt.

- Erkennen Sie individuelle Erfolge an und zeigen Sie auf, wie andere von den gleichen Bemühungen profitieren können, um ähnliche Ergebnisse zu erzielen, die der Teamleistung im Allgemeinen zugute kommen.
- Anwendung eines Führungsentwicklungs- oder Teamentwicklungsprogramms, das es den Teammitgliedern ermöglicht, konstruktives und kooperatives Verhalten von Kollegen zu erleben.
- Versuchen Sie es nicht nur im Hinblick auf einzelne Erfolge und Ergebnisse, sondern im Hinblick auf den Gesamtumfang und die endgültigen Projektergebnisse.

- Belohnen Sie Team-Erfolgsarbeiter und reduzieren Sie individuelle Anreize.
- Arrangieren Sie Veranstaltungen, die es den Mitarbeitern ermöglichen, sich mit ihren bisherigen Ergebnissen zu messen, anstatt die Leistung der anderen im Team herauszufordern.

ZWISCHENSTAATLICHE KONKURRENZ

Der Wettbewerb zwischen den Ländern ist ganz klar in Bezug auf den wirtschaftlichen Nutzen und den politischen Einfluss auf andere Länder. Viele Nationen konkurrieren darum, das beste Geschäftsklima für multinationale Unternehmen zu haben, um Investitionen anzuziehen. Eine solche Rivalität zeigt sich auch in den wirtschaftlichen Strategien und der Politik, die von diesen Ländern zur Ausbildung der potenziellen Arbeitskräfte umgesetzt wird. Viele ostasiatische Volkswirtschaften, wie z. B. Singapur, Japan und Südkorea, scheinen in ihrem Bestreben, die Bildung zu verbessern und Programme für begabte Kinder zu entwickeln, um eine wirtschaftliche Dominanz zu erreichen und aufrechtzuerhalten, einen beträchtlichen Teil des Budgets für Bildung aufzuwenden. Man (2016) untersuchte die Zusammenhänge zwischen politischer Rivalität in den internationalen Paneldaten, ihren Komponenten (Exekutive versus Legislative) und der wirtschaftlichen Entwicklung. Die Ergebnisse zeigten, dass es eine statistisch signifikante Nichtlinearität zwischen (in der Gesamtheit und den Führungskräften) politischer Wettbewerbsfähigkeit und U-förmigem Wachstum gibt. Im Vergleich dazu haben die Variablen des politischen Wettbewerbs keinen statistisch signifikanten Einfluss auf die linear-spezifische Entwicklung.

Im Kern der entstehenden Wettbewerbsfähigkeit ist die aktuelle nationale Verteidigungspolitik der USA noch schärfer. "Wir sind mit einer zunehmenden globalen Unordnung konfrontiert, die durch einen Niedergang der langjährigen regelbasierten internationalen Ordnung gekennzeichnet ist" (Mattis, 2018, S. 1). "Der zwischenstaatliche strategische Wettbewerb, nicht der Terrorismus, ist jetzt das Hauptanliegen der nationalen Sicherheit der USA" (Mattis, 2018, S. 1). Das Papier verweist auf "das Wiederaufleben des langfristigen strategischen Wettbewerbs unter den im Rahmen der Nationalen Sicherheitsstrategie als revisionistisch eingestuften Mächten" (Mattis, 2018, S. 2). Zwei Nationen, China und Russland, wurden als mögliche Rivalen aufgeführt. Es wird immer deutlicher, dass beide Länder ihre Vetomacht über die wirtschaftlichen, diplomatischen und sicherheitspolitischen Entscheidungen anderer Länder nutzen, um eine Welt zu formen, die ihren autoritären Modellen entspricht"(Mattis, 2018, S.1-2).

Auch wenn die Außenpolitik allgemein als eine neue Ära des strategischen Wettbewerbs anerkannt wurde (Fisher, 2018), besteht keinerlei Einigkeit über die Bedeutung dieser Veränderung. Schriftsteller verwenden verschiedene Wörter wie "Rivalität", "Wettbewerb" und "Großmächtekonkurrenz", um auf diese strategische Politik verschiedener Nationen hinzuweisen. Ohne ein klares Gefühl für den Weg in die Zukunft kann kein Land einen so großen globalen Wettbewerb starten. Der Kriegstheoretiker Carl von Clausewitz argumentierte, dass "der erste, höchste und weitreichende Akt des Urteils, den der Staatsmann und Befehlshaber zu vollziehen hat, darin besteht, die Art des Krieges zu bestimmen, auf den er sich einlässt, ohne ihn mit etwas zu verwechseln oder zu versuchen, ihn in etwas zu verwandeln, was seiner Natur fremd ist" (Clausewitz, 1976). Im Zeitalter der globalen Rivalität gelten dieselben grundlegenden

Anweisungen. Wir sollten uns nicht auf eine solche einlassen, ohne zuerst zu verstehen, mit welcher Art von Rivalität wir es zu tun haben.

Theorie der internationalen Beziehungen und Wettbewerb

Weder in der akademischen noch in der eher politikorientierten Literatur gibt es eine allgemeine Übereinstimmung über das Konzept des Wettbewerbs oder seiner Komponenten. In der Tat bietet die Literatur trotz der Bedeutung des Begriffs in den wichtigsten Paradigmen der internationalen Beziehungen kaum eine Beschreibung von "strategischem Wettbewerb" oder "Konkurrenz" (Waltz, 2000). Die Idee eines "zielgerichteten Verhaltens, das danach strebt, die für andere verfügbaren Gewinne zu reduzieren", ist eine der wenigen Definitionen, die verfügbar sind (Milner, 1992). Eine andere ist, dass "zwei internationale Akteure unvereinbare Interessen von hoher Priorität haben, während einer oder beide Akteure ein Verhalten an den Tag legen, das den Interessen des anderen schadet" (Burkhart, & Woody, 2017). Konkurrenz kann im Kontext der internationalen Beziehungen eher als ein Zustand feindseliger Beziehungen als ein direkter militärischer Konflikt zwischen Akteuren gesehen werden, der drei grundlegende Unterscheidungsfaktoren darstellt: eine wahrgenommene Rivalität, ein Versuch, gegenseitigen Nutzen zu erzielen und das Streben nach Ergebnissen oder Gütern, die nicht allgemein verfügbar sind. Es bedeutet, dass Stärke, Einfluss, Erfolg und Status gemeinsam angestrebt werden, während andere ebenfalls danach suchen und die Vorräte knapp sind. Die Suche nach knappen Ressourcen bedeutet nicht automatisch Wettbewerb. Staaten haben einen weiteren breiten Weg, um ihre Ziele zu erreichen: z.B.

Kooperation (Keohane, 1984; Lindblom, 1965; Milner, 1992). .Die Tatsache, dass Staaten in der Regel kooperative oder halb-kooperative Wege haben, um ihre Ziele zu erreichen, wenn sie diese wollen und solche Wege haben oft ein besseres Kosten-Nutzen-Kalkül. Sie wird in einer wichtigen Strömung der internationalen Beziehungen betont - einschließlich klassischer Beschreibungen von Vereinbarungen und gegenseitigem Nutzen; Spiele als Wurzeln der Kooperation; liberaler Institutionalismus; und defensiver Realismus; (Glaser, 2010). Unter Umständen, in denen Spieler Ziele auf eine Art und Weise anstreben, die ihre unilateralen Interessen und Standpunkte stärkt, anstatt ihr Verhalten zum kollektiven Vorteil zu ändern. Wettbewerbsverhalten ist nicht von Natur aus durch die Erzielung eines relativen Gewinns durch Schädigung anderer Parteien gekennzeichnet, sondern ist ein selbstgesteuertes Verhalten, das durch keinerlei Rücksicht auf die Interessen anderer eingeschränkt wird. Der Wettbewerb beinhaltet das Streben nach umstrittenen Gütern wie Macht, Sicherheit, Ressourcen, Macht und Status, häufig in Kombination mit anderen Gütern, von denen man glaubt, dass sie eine Herausforderung oder Gefahr darstellen.

Diese Beschreibung geht davon aus, dass Staaten (oder Gruppen von Staaten) um enge Ziele wie die lebenswichtige Sicherheit ihrer Länder konkurrieren und manchmal auch um umfassendere Ziele konkurrieren: globales Agendamanagement; Ansehen im Vergleich zu anderen; und die Fähigkeit, Ergebnisse zu kontrollieren und zu diktieren, insbesondere in Angelegenheiten oder Regionen, die für ihre Interessen von Bedeutung sind (Glaser, 2010). Zum Beispiel konkurriert China explizit, um Ziele zu erreichen, die über den Schutz und die territoriale Integrität des Landes durch die Kommunistische Partei Chinas hinausgehen: Es will eine dominante regionale Macht, einen gleichberechtigten globalen Status gegenüber den Vereinigten Staaten und mehr. p p Die breite Bedeutung kann jedoch auch die Rivalität mit Freunden oder Verbündeten einschließen, die in einer Region als Bedrohung angesehen werden. Während der COVID-19-Periode hat die Welt eine offene Rivalität zwischen China und den USA erlebt. China hat begonnen, über seine Nachbarländer zu dominieren. Die USA haben sich offen auf die Seite dieser asiatischen Länder gestellt und eine starke Position gegen China eingenommen. Deutschland und Japan hingegen haben heute eine grundlegende nationale Rolle, die nicht konkurrierend ist; sie verfolgen eine kooperative und systemische nationale Sicherheit und Prosperität. Daher unterscheidet sich das Konzept von der Kollaboration (das Streben nach denselben Zielen zum gemeinsamen Nutzen einer gemeinsamen Koordination) und schließt keine Strategien ein, die einseitig, aber nicht konkurrierend, nationale Interessen fördern. Das Wort impliziert auch, dass die Idee der Rivalität unweigerlich das Erreichen eines bestimmten Grades an relativem Erfolg gegen andere einschließt, anstatt einfach um seiner selbst willen zu versuchen, sich zu verbessern. (Eine rein neutrale Außenpolitik, die keine relativen Vorteile gegenüber einer anderen Politik findet, sollte unter diese Kategorie fallen).

Realismus-Konzept

Die Essenz des vorgeschlagenen Konzepts ähnelt der klassischen Theorie der internationalen Beziehungen, dem Realismus: Die Vorstellung, dass das internationale System eine Arena des Wettbewerbs ist, in der die Länder versuchen, sich auf der Suche nach oft knappen Zielen wie Macht oder Status durchzusetzen. Aber fast alle Varianten des Realismus haben ein dominantes Ziel, sei es Macht oder Verteidigung, als Zentrum (Morgenthau, 1993). Realistische Ansätze unterscheiden im Allgemeinen deutlich zwischen politischer und militärischer Rivalität und allen anderen sowie zwischen greifbaren Einflussquellen und nicht-materiellen Zielen wie Rang und Ansehen.

Nationen können um verschiedene Ziele konkurrieren, von denen einige immateriell sind (wie Status), andere wiederum rein wirtschaftlich sind. Im militärischen Wettbewerb oder bei materiellen Zielen gibt es nicht immer eine automatische Priorität. Staatliche Auslegungen von Mitteln und Wegen können auch öffentlich zugänglich gemacht werden. Nationen können auf eine breite Palette von Maßnahmen zurückgreifen, um einen absoluten oder relativen Gewinn zu erzielen. Einige sind kooperativ, einige neutral und andere wettbewerbsorientiert. Einige von ihnen werden auch unter den letzteren vernünftige Standards erfüllen, während andere dies vielleicht nicht tun. Zum Beispiel scheint ein Staat, der seine militärische Macht aufgibt, um rein wirtschaftlich zu konkurrieren, nicht realistisch zu sein, obwohl das ein extremer wirtschaftlicher Wettbewerb und ein Nullsummenspiel ist.

POLITISCHER WETTBEWERB

Der intensive Grad der Rivalität kann in der Politik gesehen werden. Im Hinblick auf die Demokratie ist die Wahl ein Wettlauf um ein öffentliches Amt. Mit anderen Worten, zwei oder mehr Kandidaten, entweder von verschiedenen Parteien oder unabhängige Kandidaten, kämpfen oder konkurrieren gegeneinander, um eine Machtposition zu gewinnen. Der Gewinner des Wahlprozesses erhält den Sitz des gewählten Amtes für eine vorher festgelegte Zeitspanne. Normalerweise wird nach Ablauf einer solchen Amtszeit eine weitere Wahl abgehalten, um den nächsten Inhaber des Amtes zu bestimmen.

Darüber hinaus wird die Rivalität innerhalb der Regierung vorweggenommen. Da viele Positionen benannt werden, konkurrieren potenzielle Kandidaten der Gewinnerpartei gegen die anderen, um ein mächtigeres Amt zu erhalten. Die Abteilungen werden sich auch um Geld und andere potenzielle Ressourcen bewerben. Im politischen Prozess schließlich konkurrieren gewählte Vertreter verschiedener Parteien mit den anderen Parteien um die Ausarbeitung und Verabschiedung von Gesetzen, Finanzierungen und Befugnissen. Es gibt auch eine Rivalität zwischen Regierungen. Jedes Land oder jede Nationalität kämpft um die Vorherrschaft in der Welt, um Reichtum oder militärische Stärke. Das normale Ergebnis dieser Art von Machtbedürfnis und Wettbewerb trägt manchmal zu globalen Konflikten und oft zu Krieg bei.

Nach Bogardus (1920) werden oft Streitigkeiten zwischen Gruppen, einschließlich politischer Parteien während der nationalen Wahlen, meist offen ausgetragen und aufgedeckt. Sie werden meist verdeckt und hinter scheinbar freundlichen Entwicklungen ausgetragen, z. B. hinter geschäftlichen Rivalitäten. Selbst in transparenten Wahlkämpfen ist es aufgrund versteckter Allianzen und Absprachen immer schwierig zu verstehen, wie verschiedene bedeutende Organisationen stehen.

Krasa & Polborn (2012) haben ein Wahlwettbewerbssystem implementiert, in dem die Wähler allgemeine Präferenzen gegenüber Kandidaten für feste (z. B. Geschlecht, Rasse oder ehemals engagierte Positionen von politischer Bedeutung) und für ihre vielseitigen politischen Positionen haben. Die Kandidaten wissen nicht, ob die Präferenzen der Wählerschaft verteilt sind und wählen politische Positionen, um ihre Gewinnchancen zu erhöhen. Sie definieren eine Wahlnutzenfunktion ("uniform candidate ranking", UCR), die eine Art Trennung zwischen festen Merkmalen und politischen Positionen beinhaltet. Es handelt sich um eine einheitliche Kandidatenbewertung. Wenn Wähler Präferenzen für UCRs haben, konvergieren sie in einem strengen Gleichgewicht. Umgekehrt tragen Begriffe wie "Kompetenz" oder "komplementär" zu Nicht-UCR-Verzerrungen und Diskrepanzen in der Politik bei.

Eine einheitliche und systematische politische Wettbewerbstheorie zwischen den Parteien wurde von John Roemer (2001) entwickelt. Er formte die Theorie in vielerlei Hinsicht, einschließlich der Frage, ob Parteien versuchen zu gewinnen, unsicher oder unsicher über politische Präferenzen sind oder ob der politische Raum einheitlich oder multidisziplinär ist. Er hat die acht möglichen Variationen dieser Wahlmöglichkeiten analysiert und charakterisiert. Er hat ein Modell erstellt, in dem jede Partei aus drei separaten Parteien besteht, die sich um das Gewinnen, die Politik und die Öffentlichkeitsarbeit kümmern. Die Parteien konkurrieren miteinander. In Kombination mit dem externen Wettbewerb sorgt die interne Verhandlung für ein natürliches Gleichgewicht, das Roemer das parteiinterne Nash-Gleichgewicht nennt. Das Wesen der Parteien, die sich bilden werden, ergibt sich erst aus der Verteilung der Wählerinteressen und des Vertrauenskapitals der Bevölkerung. In der Folge erweitert er diese Theorie auf andere empirische Rätsel wie die Einkommensverteilung, die politischen Erfolgsquoten

WETTBEWERB IM SPORT

Die Olympischen Spiele sind ein bedeutendes Beispiel für den Wettbewerb in der Welt des Sports. Nur wenige Sportarten und Spiele werden als reine Unterhaltung betrachtet, obwohl die meisten Sportarten als Wettbewerb angesehen werden. Die meisten Sportarten erfordern einen Wettbewerb zwischen zwei oder mehreren Personen. Bei einem Basketballspiel beispielsweise treten die Spieler zweier Mannschaften gegeneinander an, um zu entscheiden, wer die meisten Punkte erzielen kann, indem er den Ball in den Korb der gegnerischen Mannschaft wirft. Die siegreiche Mannschaft erhält in der Regel eine Art Anreiz, der sie extrinsisch motiviert, gegen ihren Gegner anzutreten. Im Sport konkurrieren die Spieler jedoch nicht immer ausschließlich um eine externe Belohnung. Vielmehr kann Rivalität auch in Abwesenheit eines externen Anreizes auftreten, und die Spieler können intrinsisch durch eine gewisse Freude, Spaß und Stolz angetrieben werden. Darüber hinaus können intrinsische und extrinsische Anreize zu Beginn auch gemischt sein.

Der Wettbewerb im Sport ist so, dass mehr Sportler ihre geheimen Talente zeigen können. Der Wettbewerb zwischen Konkurrenten ist vorteilhaft, denn er hat einen enormen Einfluss auf die Selbstdisziplin und die Wettbewerbsmentalität und kann der Weg zu intelligenten Sportlern sein. Der Wettbewerb in unserem Leben ist wie ein Test, bei dem wir etwas nicht aufgeben, das passiert, aber der Wettbewerb ist nur ein Hindernis.

Neben dem Wettkampf gegen andere Menschen können Athleten in einigen Sportarten auch gegen die Natur antreten, wobei das Ziel darin besteht, ein bestimmtes Ziel zu erreichen und zu erreichen, wobei nur natürliche Barrieren Hindernisse auf dem Weg dorthin darstellen. Ein regelmäßig angesetzter Wettkampf, bei dem der "beste" Sportler des Zyklus ermittelt wird, wird als Meisterschaft bezeichnet. Professioneller Sport wird durch genau definierte und durchgesetzte Regeln geregelt, die von den Teilnehmern beschlossen werden. Man kann also sagen, dass der Sport einen künstlichen Wettbewerb bietet. So treten z. B. Sportler in Sportarten wie Turnen und Leistungssport Tauchen gegeneinander an, um einem konzeptionellen Ideal des optimalen Erfolgs näher zu kommen, das beobachtbare Parameter und Erwartungen beinhaltet, die von ernannten Richtern in numerische Bewertungen und Punktzahlen umgewandelt werden.

Wettbewerb ist ein wichtiger und integraler Bestandteil der Welt des Sports. Er wird gemeinhin als ein gutes Phänomen angesehen, das Athleten und Teams zu mehr Motivation und Erfolg verhilft. Führungskräfte müssen vor allem darauf achten, wie wettbewerbsorientiert sie in ihrer Mannschaft sind. Spieler sollten darüber nachdenken, *"was schafft ungesunden und gesunden Wettbewerb?" Einige der Faktoren, die für gesunden und ungesunden Wettbewerb verantwortlich sind, und die Strategien zur Förderung von gesundem Wettbewerb wurden unten aufgeführt* (Skybond: Coaching & Training, 2020):

Ungesunder Wettbewerb richtet sich gegen:

Knappheit und Angst: Wettbewerb ist nicht gesund, wenn er davon ausgeht, dass es nur eine begrenzte Menge an Leistung oder Erfolg auf der Welt gibt. Auf diese Weise basiert er eher auf Knappheit und Angst als auf Überfluss. Es ist wie: "Ich muss kämpfen, um mein Stück vom Kuchen zu bekommen, sonst würden andere es bekommen und für mich ist nichts mehr da".

Suche nach Anerkennung und Aufmerksamkeit: Wenn der Wettbewerb von dem Wunsch angetrieben wird, Aufmerksamkeit und Anerkennung von anderen zu erhalten, entsteht er unweigerlich aus einer Position der Verletzlichkeit und des Selbstzweifels. Diese schwache Basis wirkt sich negativ auf die Fähigkeit aus, erfolgreich zu sein und auf dem Höhepunkt des eigenen Potenzials zu konkurrieren. Gleichzeitig ist es so eng auf sich selbst bezogen, dass es ein größeres Team oder eine größere Kultur vergisst.

Andere herabsetzen: Rivalität kann viel gesünder werden, wenn es darum geht, andere zurückzunehmen. Es ist eine Sache, von Eigeninteresse getrieben zu sein, aber eine andere, damit zu beginnen, die Ergebnisse anderer absichtlich zu sabotieren. Dieses böswillige und destruktive Verhalten schadet nicht nur anderen, sondern frisst sich auch in das Herz der Person oder des Individuums, das es tut.

Gewinnen um jeden Preis: Übermäßiger Wettbewerb legt einen unverhältnismäßig großen Fokus auf das Ergebnis, anstatt den Prozess oder den Weg dorthin zu bewerten. Und wenn das Ergebnis zum primären Ziel wird, kann dies den Glauben fördern, dass eine Person oder ein Team "alles tun muss", um erfolgreich zu sein. Diese Einstellung kann zu allen Arten von schlechten Entscheidungen und unethischen Praktiken führen.

Gesunder Wettbewerb ist angesagt:

Förderung der gesamten Branche oder Organisation: Ein gesunder Wettbewerb konzentriert sich zumindest auf das größere Ziel, eine ganze Organisation, ein Unternehmen oder eine Disziplin zu fördern. Wenn ein Einzelner einen Rekord aufstellt oder etwas Neues erreicht, wird dies als bedeutender Schritt zum Erreichen eines größeren Erfolgs und zur Erweiterung des Potenzials angesehen.

Persönliches Potenzial ausschöpfen: Während sich die Rivalität oft auf den Teilnehmer konzentriert, was ist die Art des Fokus? Ist die Person eher darauf fokussiert, Ruhm oder Anerkennung zu erlangen, oder nutzt sie den Wettbewerb für ein neues Leistungsniveau? Gute Rivalen sind weniger daran interessiert, sich mit anderen Menschen zu messen, sondern eher daran, in neue Bereiche hineinzuwachsen.

Die Prinzipien des anderen respektieren: Wenn man an einige der wichtigsten Sportereignisse für den Sport denkt, scheint sich zwischen den Teilnehmern und Teams ein Gefühl gemeinsamer Prinzipien fast wie von selbst einzustellen. Dinge wie Durchhaltevermögen, Respekt, Anmut und Gerechtigkeit. Natürlich wird es möglicherweise Ausnahmen geben (Situationen, in denen Werte ignoriert wurden). Aber ein gesunder Wettbewerb veranschaulicht dieses umfassendere Ideal in Bezug auf den individuellen Vorteil eines einzelnen Teilnehmers oder einer Mannschaft.

Die Reise mit der Konsequenz: Im Gegensatz zum ungesunden Wettbewerb verstehen die wettbewerbsfähigsten Umgebungen die Bedeutung der Reise. Anstatt alle Anstrengungen auf das Endziel zu konzentrieren, konzentrieren sie sich auf die Bildung und die Informationen, die sie während der gesamten Reise erhalten.

Was sollten Sie also an Ihrem Arbeitsplatz tun, um einen gesunden Wettbewerb zu fördern?

Machen Sie es zu einem Teil der Kultur Ihrer Organisation: Eine der besten Möglichkeiten, Handlungen zu fördern, ist, sie in die Prinzipien oder die Vision Ihres Teams aufzunehmen. Dies etabliert eine grundlegende Erwartung an Handlungen und erhöht die Wahrscheinlichkeit, dass sie in den Kerncharakter des Teams aufgenommen werden.

Sprechen Sie darüber, was es bedeutet: Angedeutete Prinzipien sind hilfreich, aber nicht, wenn sie in Form von Phrasen oder Wandpostern auf der Seite bleiben. Jeder muss klar wissen, was "gesunder Wettbewerb" wirklich ist, um Ideen mit Leben zu füllen und das echte Team für sich zu gewinnen. Was sind die relevanten Vergleiche? Wie sieht es in der Realität aus? Als Chef kann man diese Fragen stellen und ein gemeinsames Gespräch anregen.

Klären Sie das Warum: Im Gegensatz zur Klärung, was ein gesunder Wettbewerb bedeutet, lassen Sie das Team sowohl die Vor- als auch die Nachteile des Handelns auf diese Weise sehen. Dies ermöglicht es den Teammitgliedern, sich inspiriert zu fühlen. Und anstatt Ihre Meinung zu äußern, verfolgen Sie einen Coaching-Ansatz, ähnlich wie beim vorherigen Punkt, indem Sie Fragen stellen, die die Diskussion anregen.

Modellieren Sie es selbst: Es ist keine effiziente Führungsstrategie: "Tu, was ich sage, nicht was ich tue" Sie können von Ihrer Partei nicht erwarten, dass sie so funktioniert, wie Sie es nicht können. Sie müssen sehen, dass Ihre Taten und Worte einen gesunden Wettbewerb kultivieren und dann schließlich folgen.

Verantwortung festlegen: Wenn Sie wollen, dass ein Verhalten haften bleibt, wenn Menschen sich nicht an die akzeptierte Norm halten, müssen Sie die Menschen dafür verantwortlich machen. Andernfalls wird sich schnell herausstellen, dass die gewünschte Norm nicht so bedeutend ist. Verantwortung kann verschiedene Formen annehmen, aber der erfolgreichste Weg wird wahrscheinlich sein, sich zu Wort zu melden, um Input und Bedenken zu teilen und sich mit dem Wunsch nach gesundem Wettbewerb zu arrangieren.

Inspiriert andere Führungskräfte und Mitarbeiter: Inspirieren Sie diejenigen, die wettbewerbsfähig sind und die Werte des fairen Wettbewerbs verkörpern. Dies kann den Vorteilen dieser Art von Team mehr Glaubwürdigkeit verleihen und kann Sie dazu inspirieren, die Bedeutung des fairen Wettbewerbs wirklich täglich zu leben.

BILDUNG UND WETTBEWERB

Wettbewerb ist eine Quelle der Inspiration und ein zentrales Element in der Bildung. Auf der globalen Bühne sollen nationale Bildungsprogramme und -politiken das Beste aus der nächsten Generation herausholen. Eine solche Strategie zur Förderung des Wettbewerbs unter Studenten ist die Bereitstellung von Stipendien. Länder wie England und Singapur haben spezielle Bildungssysteme, die sich an spezialisierte Studenten wenden und akademisches Elitedenken fördern. Die Schüler scheinen ihre Noten und Ergebnisse mit denen ihrer Mitschüler zu vergleichen, um zu sehen, wer besser ist. Im Extremfall ist der Leistungsdruck in einigen Ländern so stark, dass er oft zur Stigmatisierung von intellektuell behinderten Schülern oder sogar zum Selbstmord als Folge des Scheiterns in den Prüfungen führt; Japan ist ein Paradebeispiel. Dies gipfelte in einer kritischen Neubewertung der Prüfungen als Ganzes durch die Pädagogen. Der Wettbewerb hat tatsächlich einen negativen Nettoeffekt auf das Leistungsniveau der Schüler, und dass er "uns alle zu Verlierern macht" (Kohn 1986). Der Ökonom Layard (2011) reflektierte die negativen Auswirkungen und sagte: "Die Menschen fühlen sich unter großem Druck. Sie haben das Gefühl, dass ihr Hauptziel im Leben darin besteht, besser zu sein als andere. Das ist sicherlich das, was jungen Menschen jeden Tag in der Schule beigebracht wird, und das ist keine gute Grundlage für die Gesellschaft."

Es können Wettbewerbe zwischen Schülern oder Schülerteams in Klassen oder außerhalb von Schulen in verschiedenen Schulen und geografischen Regionen stattfinden. Schülerwettbewerbe zielen darauf ab, die bestmögliche Leistung zu erbringen, indem sie die Kreativität fördern und die Schüler herausfordern, ihre Fähigkeiten zu nutzen. Lehrer haben Schülerwettbewerbe als Teil ihres Lehrplans, um Schüler zu inspirieren, in der Schule zu bleiben.

- Punkte für zeitliche Beurteilungen, die in die Endnote einfließen.

- Die Möglichkeit, ihre Kreativität und Fähigkeiten zu testen, indem sie ihr umfangreiches Wissen unter Beweis stellen können.

- Eine Gelegenheit, ihre Talente und Kreativität mit denen von Studenten auf der ganzen Welt sowie mit ihren lokalen Klassenkameraden gleichzusetzen.

- Eine Chance, Bargeld und andere Preise durch eine Reihe von Wettbewerben zu gewinnen.

Arten von Wettbewerben für Studenten

1. Fallstudie: Das Ziel dieses Wettbewerbs ist es, einen realen oder fiktiven Fall zu lösen, der den studentischen Teilnehmern gestellt wird. Ziel ist es, eine Lösung unter Verwendung des im Fall gegebenen Wissens zu finden. Die Schüler nutzen ihr Verständnis und ihre analytischen Fähigkeiten, um den Fall zu verstehen und ihre Kreativität und Problemlösungsfähigkeiten anzuwenden, damit sie den Fall so schnell wie möglich lösen können.

2. Businessplan: Ein Wettbewerb, für den ein Businessplan für ein tatsächliches oder hypothetisches Unternehmen erstellt werden muss. Insbesondere werden solche Wettbewerbsstrategien für Studenten in Finanzbereichen, wie Buchhaltung, Betriebswirtschaft, Marketing usw., umgesetzt.

3. **Design-Wettbewerb:** Studentische Designwettbewerbe können entweder technischer oder rein ästhetischer Natur sein. Der Zweck der technischen Wettbewerbe ist es, die Schüler mit realen technischen Szenarien vertraut zu machen und den Schülern Projektmanagement und Fertigungsmethoden zu vermitteln, die in der Industrie verwendet werden. Ästhetische Wettbewerbe beinhalten typischerweise kreative und gestalterische Fähigkeiten.

4. Simulation: Bei dieser Form des Wettbewerbs wird ein Szenario generiert, das der realen Situation strukturell ähnlich ist. Die Schüler konkurrieren entweder online oder durch eine Software, die eine Umgebung simuliert, in der Entscheidungen getroffen werden müssen. Diese Entscheidungen und Ergebnisse werden kontrolliert, um den Gewinner zu ermitteln. Oft findet die gesamte Veranstaltung online statt und es ist kein physischer Ort vorgesehen.

5. **Ideenfindung:** Ideen sind der Schlüssel zur Problemlösungskompetenz. Ein Wettbewerb, bei dem die Generierung von neuen Ideen zu verschiedenen Themen im Vordergrund steht. Die Ideen können, müssen aber nicht, zu einem späteren Zeitpunkt umgesetzt werden. Ein hypothetisches Problem wird zu einem bestimmten Zeitpunkt präsentiert und von den Schülern wird erwartet, dass sie eine effiziente und kreative Idee für die bestmögliche Lösung des Problems generieren.

6. Aufsatz: Das Schreiben eines Aufsatzes (einer kurzen Schrift) zu einem Thema ist oft eine Art Wettbewerb an sich. Die Themen können unterschiedlich sein und können vorgeschrieben oder dem Ermessen der Autoren überlassen werden. Das Hauptergebnis ist ein Text, der in einer bestimmten Form verfasst wird. Beim Essay-Schreibwettbewerb setzen die Schüler ihre Vorstellungskraft, ihre Kreativität, ihre sprachlichen Fähigkeiten, ihr Verständnis, ihre Auffassungsgabe und den Umgang mit geeigneten Texten ein.

Wettbewerb wurde in einer Vielzahl von Disziplinen untersucht, darunter Psychologie, Soziologie und Anthropologie. Sozialpsychologen zum Beispiel erforschen das Wesen des Wettbewerbs aus sozialer und psychologischer Sicht. Sie untersuchen den innewohnenden Drang zum Wettbewerb und seine Bedingungen. Sie untersuchen auch die Gruppendynamik, wie der Wettbewerb entsteht und welche Folgen er hat. Darüber hinaus erforschen Anthropologen die Geschichte und Vorgeschichte des Wettbewerbs in verschiedenen Gesellschaften. Sie analysieren auch, wie sich die Rivalität in der Vergangenheit in verschiedenen kulturellen Kontexten ausgedrückt hat und wie sich der Wettbewerb im Laufe der Zeit entwickelt hat.

KRITIK AM WETTBEWERB

Wenn wir den Einfluss der Vollendung auf das menschliche Leben objektiv analysieren, hat sie eine Reihe von positiven Einflüssen, wie zum Beispiel, dass sie uns inspiriert, wach zu bleiben, sie ist eine Energiequelle, sie erzeugt ein Bedürfnis nach Leistung, sie erlaubt uns oft, das Beste aus uns herauszuholen, usw. Auf der anderen Seite sind aber auch einige negative Folgen damit verbunden, die nicht gesund für uns sind. Einige Theoretiker haben dies auf ihre Weise verdeutlicht.

marxistische Ethik

Karl Marx bestand in seiner Kapitalismustheorie darauf, dass "das kapitalistische System den Wettbewerb und den Egoismus in allen seinen Mitgliedern fördert. Er glaubte und erklärte mit verschiedenen Beispielen, wie der Kapitalismus systematisch alle echten Formen der Gemeinschaft untergräbt" (Buchanan, 1982). Er fördert ein "Klima des konkurrierenden Egoismus und Individualismus" mit Wettbewerb um Arbeitsplätze, Wettbewerb zwischen Arbeitern und Wettbewerb zwischen Arbeitgebern. Marx definiert den Wettbewerb als "äußere Zwangsherrschaft", die den Individuen und der Gesellschaft als Ganzes die Kapitallogik aufzwingt, die Reproduktion der Klassenverhältnisse regelt und eine Vielzahl von ökonomischen Trends schafft. Marx sagt, dass die Konkurrenz zwischen den Arbeitern größer ist als die zwischen den Eigentümern des Unternehmens. Er weist auch darauf hin, dass die Rivalität die Menschen voneinander trennt und gleichzeitig die Konzentration der Belegschaft und die Produktion von verbesserter Kommunikation dies minimiert.

Freuds Ansichten

Sigmund Freud erklärte die Rivalität als das Hauptproblem, in dem sich alle Säuglinge befinden. Das Baby konkurriert mit anderen Familienmitgliedern um die Fürsorge und Liebe des Elternteils. Während dieser Zeit entwickelt ein Junge eine tiefe Angst, dass sein Vater ihn bestrafen wird. Dies korreliert mit dem phallischen Stadium der kindlichen Entwicklung, in dem starke primitive Gefühle der konkurrierenden Rivalität mit dem gleichgeschlechtlichen Elternteil grassieren und eine Krise erzeugen, die erfolgreich gelöst werden muss, damit eine gesunde psychologische Entwicklung fortgesetzt werden kann. Ein ungelöster Ödipuskomplex, der aus der Rivalität zwischen dem Kind und dem Elternteil resultiert, kann zu einer lebenslangen Neurose beitragen, die sich auf verschiedene Weise manifestiert und mit einer überbestimmten Beziehung zum Wettbewerb verbunden ist.

Gandhis Ansichten

Nach Dayal (2006) diskutiert Gandhi die egoistische Rivalität. Für ihn führen solche verherrlichten und/oder ungezügelten Eigenschaften zu Aggression, Konflikt, Zwietracht und Zerstörung. Für Gandhi entspringt die Rivalität dem Ego, und deshalb muss die Gesellschaft auf gegenseitiger Zuneigung, Kooperation und Aufopferung für das Wohl der Menschheit beruhen. In Gandhis Traum oder idealer Gesellschaft wird jeder Mensch kooperieren und dem Wohlergehen der anderen dienen, und die Menschen werden die Freuden, Sorgen und Errungenschaften des jeweils anderen als Standard des sozialen Lebens teilen. Für ihn gibt es in einer gewaltfreien Welt keinen Platz für Rivalität, und dies sollte von mehr Menschen verstanden werden, die eine persönliche Entscheidung treffen, weniger Tendenzen zu Selbstbezogenheit, Egoismus und Selbstsucht zu haben.

Negative Auswirkungen des Wettbewerbs

Der Mensch konkurriert gerne mit den Freunden, Nachbarn und sogar mit den Anführern seiner Gesellschaft. In fast jedem Bereich ist das Konkurrieren und das Übertreffen anderer Menschen in der menschlichen Existenz verwurzelt. Die meisten von uns wollen ein größeres Auto, ein großes Haus, ein besseres Haus, mehr Einkommen und Gegenstände, die teuer sind. Der Mensch hofft, dass das Gewinnen des sozialen Wettbewerbs den Weg für all diese Einrichtungen und Luxusartikel ebnet. Dies bietet ein Gefühl der Befriedigung, ohne zu erkennen, dass der Wettbewerb aufgrund seiner zerstörerischen Auswirkungen zu einer Niederlage führen würde.

Das emotionale Wohlbefinden des Menschen kann durch Konkurrenz ernsthaft beeinträchtigt werden. Er kann zu Gefühlen der Unzulänglichkeit, Verletzlichkeit, Angst, Beklemmung und sogar Depression führen. Es kann Menschen auch daran hindern, die wirklichen Ideale der Zukunft, die sie anstreben, zu erfüllen. Meistens jedoch, wenn ein Mensch nicht mit anderen konkurrieren kann, um diese Ziele in der gleichen Geschwindigkeit zu erreichen wie andere. Dies wird den Menschen zu Überarbeitungen treiben, um die übermäßige Konkurrenz weiterhin zu überwinden. Bei anderen Organismen kann die Rivalität dazu führen, dass der Organismus nicht in der Lage ist, Nahrung, Wasser, einen Partner, die richtigen Nährstoffe, den besten Platz oder einen geeigneten Ort usw. zu finden. All diese Aspekte können zum Aussterben eines Organismus führen.

Von klein auf ermutigen Eltern, Lehrer und Trainer die Kinder zum Wettbewerb. Lehrer vergeben Preise an Vorschulkinder, die am meisten ausmalen, Eltern bewundern ihre Kinder dafür, dass sie die Spitze ihrer Klasse erreichen, und Teams erhalten Belohnungen für den Gewinn von Turnieren. Laut dem Buch "Remix" sollen diese Belohnungsmechanismen Menschen dazu ermutigen, ehrgeizig zu sein und ihre beste Arbeit zu leisten (Latterell, 2017, S. 185). Einige Menschen befürchten jedoch, dass zu viel Wettbewerb nicht von Natur aus wünschenswert ist. Tatsächlich berichtet die New York Times, dass "es entwürdigend sein kann, zuzusehen, wie ein Gleichaltriger eine Trophäe erhält und selbst keine zu bekommen" (Abate). Menschen sollen effektiv sein, aber Wettbewerb hat positive und negative Auswirkungen, wie z. B. die Messlatte für Menschen, besser zu werden, zu hohe Erwartungen zu schaffen, Menschen auf die Zukunft vorzubereiten und bestimmte Menschen dazu zu bringen, sich an ethische Normen zu halten. Laut dem Buch "Remix" gedeiht Innovation in Umgebungen, die Menschen den Talenten anderer aussetzen (Latterell, 2017, S. 186). Die Monkeys sind ein erstklassiges Symbol für die Art und Weise, wie sich der Wettbewerb verbessert hat.

Good und Brophy (2008) skizzierten mehrere Möglichkeiten, wie sich Wettbewerb im Klassenzimmer negativ auf den Fortschritt, das Lernen und die Motivation der Schüler auswirken kann. Wenn Schüler z. B. darauf bedacht sind, etwas zu erreichen oder ihre körperliche Beteiligung zu opfern, können sie wichtige Unterrichtsziele und -materialien aus den Augen verlieren. Aus der Sicht des Schülers hat der Erfolg Vorrang vor dem Verstehen. Der Wunsch, jemanden zu schlagen, liegt dagegen in der Natur des Wettbewerbs. Wenn dieselben Schüler bei ihren besten Bemühungen immer wieder scheitern, würden sie beginnen, die Welt als unfair zu betrachten und können aufgeben, wenn sie mit schwierigen akademischen Aufgaben konfrontiert werden, wenn sie gelernt haben, dass Versagen das Ergebnis sein wird, egal wie sehr sie sich um Erfolg bemühen. Diese Schüler werden sich selbst negativ sehen und die Schule als einen unsicheren Ort betrachten; Gleichaltrige werden diese Schüler oft negativ ablehnen oder beurteilen, weil es unmöglich ist, dass Teamkollegen bereit sind, mit einer Person zu arbeiten, die als Verlierer angesehen wird. Im Gegensatz dazu können Schüler, die regelmäßig konkurrierende Aufgaben erhalten, das Interesse am Unterrichtsstoff verlieren und werden sich im Laufe der Zeit so wenig wie möglich anstrengen, um andere Schüler zu übertreffen, anstatt sich optimal anzustrengen, um die Aufgabe oder das Thema zu meistern.

Johnson et al. (1981) führten eine Meta-Analyse im Zusammenhang mit freiwilligen und individuellen Praktiken durch, in der sie den Effekt von kooperativen Zielstrukturen auf die akademische Leistung analysierten. Die Ergebnisse zeigten, dass Studenten unter kooperativen Bedingungen in der Forschung höhere Leistungen erbringen mussten als Studenten, die Aufgaben unter kompetitiven oder autonomen Bedingungen erfüllten. Interessanterweise verhielten sich die Studenten unter kompetitivem und menschlichem Druck wahrscheinlich ähnlich. Wettbewerb und Leistungswahrnehmung können die intrinsischen Anreize für akademische Leistungen verringern, wenn Studenten sich auf die Ermutigung durch andere konzentrieren, um sie zur Erledigung von Aufgaben zu motivieren, anstatt Aufgaben zu erledigen, die die Lernfähigkeiten und -fähigkeiten fördern.

Durch den Wettbewerb im Klassenzimmer können Schüler auch vom Lernen abgelenkt werden: Sie sind so sehr darauf fokussiert, besser abzuschneiden als ihre Mitschüler, dass sie vom Lernen abgelenkt werden oder Angst haben zu verlieren. Meece, (2006) kam zu dem Schluss, dass viele Schüler durch wettbewerbsorientierte Interaktionen im Klassenzimmer nicht motiviert werden, was sicherlich besonders für Schüler relevant ist, die im Vergleich zu Gleichaltrigen schlecht abschneiden. Da die Schüler verstehen, dass es mehr wert ist als das Lernen, andere Schüler zu übertreffen, werden Klassen, die den Schülerwettbewerb betonen, wahrscheinlich die Entwicklung von Leistungszielen fördern.

- Wettbewerb im Klassenzimmer kann sich negativ auf den Fortschritt, das Lernen und die Motivation der Schüler auswirken. Wenn die Schüler zum Beispiel darauf bedacht sind, ihre körperliche Beteiligung zu erreichen oder zu opfern, können sie wichtige Unterrichtsziele und -materialien aus den Augen verlieren.

- Aus der Sicht des Schülers hat der Erfolg Vorrang vor dem Verstehen.

- Der Wunsch, jemanden zu schlagen, liegt dagegen in der Natur des Wettbewerbs.

- Wenn dieselben Schüler bei ihren besten Bemühungen immer wieder scheitern, würden sie anfangen, die Welt als unfair zu betrachten und können aufgeben, wenn sie mit schwierigen akademischen Aufgaben konfrontiert werden, wenn sie gelernt haben, dass Versagen das Ergebnis sein wird, egal wie sehr sie sich um Erfolg bemühen.

- Diese Schüler sehen sich selbst negativ und betrachten die Schule möglicherweise als einen unsicheren Ort; Gleichaltrige lehnen diese Schüler oft negativ ab oder beurteilen sie, weil es unmöglich ist, dass Mitschüler bereit sind, mit einer Person zu arbeiten, die als Verlierer gilt.

- Im Gegensatz dazu können Schüler, die regelmäßig konkurrierende Aufgaben erhalten, das Interesse am Lehrmaterial verlieren und werden im Laufe der Zeit den geringsten Aufwand betreiben, um andere Schüler zu übertreffen, anstatt den Aufwand zu optimieren, um die Aufgabe oder das Thema zu meistern.

- Die Ergebnisse zeigten, dass unter kooperativen Bedingungen während der Forschung von den Studenten, die pädagogische Aufgaben erfüllten, ein höheres Leistungsniveau verlangt wurde als von den Studenten, die Aufgaben unter kompetitiven oder autonomen Bedingungen erfüllten.

- Interessanterweise verhielten sich die Studenten bei Wettbewerbs- und menschlichem Druck wahrscheinlich ähnlich wie untereinander.

- Wettbewerb und Leistungswahrnehmung können die intrinsischen Anreize für akademische Leistungen verringern, wenn sich die Schüler auf die Ermutigung anderer konzentrieren, um sie zur Erledigung von Aufgaben zu motivieren, anstatt Aufgaben zu erledigen, die die Lernfähigkeiten und -fertigkeiten fördern.

- Durch den Wettbewerb im Klassenzimmer können die Schüler auch vom Lernen abgelenkt werden: Sie sind so sehr darauf fokussiert, besser abzuschneiden als ihre Mitschüler, dass sie vom Lernen abgelenkt werden oder Angst haben zu verlieren.
- Viele Schüler sind durch wettbewerbsorientierte Interaktionen im Klassenzimmer nicht motiviert, was sicherlich besonders für Schüler relevant ist, die im Vergleich zu Gleichaltrigen schlechte Leistungen erbringen.
- Da die Schüler verstehen, dass es mehr wert ist als das Lernen, andere Schüler zu übertreffen, werden Klassen, die den Schülerwettbewerb betonen, wahrscheinlich die Entwicklung von Leistungszielen fördern.

Während Wettbewerb ein sehr guter Motivator sein kann, bestehen Herausforderungen, wenn zu viel Wert darauf gelegt wird, der Beste zu sein. Wenn ein Kind einen Sieg nicht für sich selbst feiern kann, wäre das Gewinnen keine Leistung, die es wert wäre, verfolgt zu werden. Wettbewerb kann einem Kind schaden, wenn er:

- Zertrümmert den Verlierer.
- Gewinnen um jeden Preis wird illustriert.
- Verursacht körperliche oder seelische Verletzungen oder beides.
- Untergräbt das Vertrauen in sich selbst.
- Demütigt.
- Selbstwertbeleidigungen.

- Verringert das Bedürfnis, sich um andere zu kümmern.
- Die Leistung sinkt.
- Verursacht Aggression, Gewalt oder macht ein Kind unbeliebt.
- Wird nur zum Nutzen der Eltern gemacht.

Der Wettbewerb im Sport ist ein Beispiel dafür, wie mehrere Personen ihre Talente zeigen können. Es gibt spezifische Herausforderungen, um ein guter Sportler zu werden, und es gibt noch viele Strategien, um ein großer und ausgezeichneter Sportler zu werden. Der Wettbewerb in unserem Leben ist wie ein Test, bei dem wir nicht auf etwas verzichten, was auftritt, sondern der Wettbewerb ist nur ein Hindernis, damit wir überwinden und in die nächste Runde des Wettbewerbs kommen können. Wie in unserem Leben gibt es auch hier Probleme, die wir nicht so einfach lösen können, aber wir können das Problem langsam und Schritt für Schritt angehen. Rivalität unter Konkurrenten ist vorteilhaft, weil sie einen großen Einfluss auf die Selbstdisziplin und die Denkweise des Konkurrenten hat, und sie kann der Weg sein, um ein kluger Sportler zu werden. Wenn man konkurrieren muss, ist man anfällig dafür, ungeduldig zu sein. Die Konkurrenz unter den Sportlern macht sie auch ängstlich. Die wichtigsten negativen Auswirkungen, die der Wettbewerb auf die Sportler hat, sind unten aufgeführt:

1. **Ungeduld wird durch Wettbewerb hervorgerufen**: Es erfordert Geduld, um etwas zu erreichen, und in der physischen Welt brauchen die Dinge einen langen Zeitraum, um sich zu manifestieren. Wettbewerb jedoch macht einen Spieler nervös und lässt ihn ungeduldig werden, um schnell voranzukommen, damit der Gegner

besiegt werden kann. Außerdem wird ein Spieler immer ungeduldig sein, wenn er an einem Wettbewerb teilnimmt. Er wird sich immer mit den Dingen beeilen wollen, um die Demütigung zu vermeiden, übertroffen zu werden.

2. **Zufriedenheit ist immer mit dem Gewinnen des Spiels verbunden**: Es macht die Spieler stolz, ihren Rivalen beim Spiel zu übertrumpfen. Ihr Glück würde also vom Ergebnis des Spiels abhängen. Sie werden nicht wirklich glücklich sein, selbst wenn sie gewinnen, wenn sie sich mehr Sorgen um die Fähigkeit des Gegners machen, sie zu übertreffen.

3. **Wettbewerb verursacht schlechte Entscheidungen**: Spieler können den Wettbewerb als Rechtfertigung für ihre Entscheidungen verwenden, obwohl das Übertrumpfen des Gegners das Hauptziel ist. Aus diesem Grund besteht eine hohe Wahrscheinlichkeit, dass sie schlechte Entscheidungen treffen, weil sie sich nicht die Zeit nehmen werden, Entscheidungen zu treffen, die mit ihren Zielen übereinstimmen.

4. **Wettbewerb könnte zum Überdenken beitragen**: Es ist schwer, während eines Rennens zu überdenken, weil die Spieler nur um den Erfolg während der Leistung besorgt sind. Überdenken geht jedoch Hand in Hand mit Rivalität, auch beim Spielen werden die Spieler immer darum besorgt sein, den Konkurrenten zu schlagen.

5. **Rivalität lenkt den Fokus auf den Gegner statt auf Wachstum**: Rivalität hindert Spieler daran, sich weiterzuentwickeln, weil sie sich auf ihren Rivalen konzentrieren müssen. Sie wollen auch über die Leistung des Gegners nachdenken, über das, was er tut, und über die

Entscheidungen, die er trifft. Das Nachdenken über den Wettbewerb erfordert einen erheblichen Zeit- und Energieaufwand und führt zu einer geringeren Konzentration auf die Ziele.

Spieler sollten sich auf ihr eigenes Spiel konzentrieren, wenn sie sich dafür entscheiden, geduldig, bequem und stressfrei zu sein. Oft, wenn sie Entscheidungen treffen wollen, die mit ihren Träumen übereinstimmen, sollten sie unangemessene Konkurrenz vermeiden.

FUNKTIONEN DES WETTBEWERBS
Zuordnung der Personen zu den richtigen Stellen:

Sie weist Menschen eine Position in einem sozialen System zu. Die menschliche Gesellschaft ist im Grunde ein Arrangement, in dem die Menschen Aufgaben zu erfüllen haben, die auch der gesamten Gemeinschaft ermöglichen, ihre Angelegenheiten zu erledigen und damit zu existieren. Der Wettbewerb entscheidet, wer was tut. So schafft der Wettbewerb die Arbeitsteilung und die ganze komplexe Ökonomie im modernen Leben. "Die Konkurrenz erfüllt die umfassende Funktion, jedem Individuum seinen Platz in seiner sozialen Welt zuzuweisen". Die Stimulation des Wettbewerbs spielte eine große Rolle für die Kreativität in Technik und Organisation.

Motivationsquelle:

Wettbewerb motiviert Menschen, erfolgreich zu sein oder Lob oder Belohnung zu erhalten. Er verbessert den Erfolg, indem er den Ehrgeiz steigert. Menschen arbeiten härter, wenn sie konkurrieren, als wenn sie selbständig sind und keinen Wettbewerb im Sinn haben. Der Wettbewerb zwischen Individuen und Gruppen zielt größtenteils auf die Aufrechterhaltung oder Verbesserung des jeweiligen Status und nicht auf das Überleben. Forscher haben gezeigt, dass Rivalität typischerweise die Produktivität überall erhöht.

Fördernd für den Fortschritt:

Fairer Wettbewerb führt zu wirtschaftlichem und sozialem Wachstum und auch zum allgemeinen Wohlergehen, da er Individuen und Gruppen dazu anspornt, ihr Bestes zu geben. Seine offensichtliche Verbindung mit der sogenannten Entwicklung hat einige Denker dazu veranlasst, ihn als einen wichtigen Teil der modernen Gesellschaft zu betrachten. Ogburn & Nimkoff (2011) stellen fest, dass Wettbewerb bessere Möglichkeiten für Menschen schafft, ihren Wunsch nach neuen Erfahrungen und Anerkennung zu erfüllen. Er steht im Widerspruch zu dem gegebenen Rang. Es ist das Vertrauen in den erreichten Status. Diejenigen, die ihn anprangern, beanspruchen Status und kehren damit die Kräfte des Fortschritts um.

Der Wettbewerb kann jedoch nicht als Bedingung für den sozialen Aufstieg angesehen werden. Die drei negativen Funktionen, d. h. erstens, Erregung führt zu Neurosen durch Frustration, zweitens kann sie in Richtung Monopolisierung gehen und drittens zu Konflikten führen. Individuen und Gruppen können unsicher werden. Es kann zu emotionaler Instabilität führen. Es kann zu unfreundlichen und unerwünschten Verhaltensweisen unter Einzelpersonen oder Gruppen führen. Die am meisten zersetzenden Folgen sind unfaire Rivalitäten. Sie kann zu einem Konflikt mit unmoralischen und sogar gewalttätigen Aktivitäten werden, wenn sie unreguliert ist. Wettbewerb im wirtschaftlichen Bereich führt zu Verschwendung und mangelndem Engagement für die tatsächlichen Bedürfnisse der Menschen. Er kann Hunger im Übermaß, Angst und Unsicherheit auslösen; er kann zu Unsicherheit und Panik führen. Sie handelt mit anderen nur als Mittel und ist selbst ohne Emotion. Es gibt ein Monopol auf den unbegrenzten Wettbewerb. Ökonomisch gesehen versuchen Unternehmer, sich z. B. durch Exportbeschränkungen gegen die internationale Konkurrenz abzuschirmen, indem sie Preise vereinbaren.

Die Arbeiter schließen sich zusammen, um ihr Einkommen zu sichern, ausländische Arbeitskräfte auszuschließen und andere Zwecke zu verfolgen. Über ihre Zugehörigkeit verteidigen sich Bürokraten. Die Rasse bewahrt ihre Rechte, indem sie andere aus ihrem Schoß heraushält. Die sozialen Haltungen, die sie im Menschen kultivieren, unterscheiden sich stark in Konkurrenz und Kooperation. Keine Gesellschaft ist jedoch rein konkurrierend oder kooperativ. Die soziale Struktur ist ein Gleichgewicht zwischen konkurrierenden und arbeitenden Kräften. Aber es muss dennoch einen gesunden und vernünftigen Wettbewerb geben. Es sollte auch beachtet werden, dass der heutige organisatorische Trend in Richtung von Kontroll- und Organisationsformen geht, die die Rivalität zwischen den Gruppen minimieren, anstatt sie zu fördern.

WAHRGENOMMENE VORTEILE DES WETTBEWERBS

Durch den Wettbewerb werden Neugier und Spannung bei Themen oder Aktivitäten geweckt, die die Schüler normalerweise vielleicht wenig interessieren. Teambasierte wettbewerbsorientierte Ansätze können besonders nützlich sein, um Unterrichtsmaterial angenehmer und spannender zu gestalten. Good und Brophy (2008) wiesen darauf hin, dass wettbewerbsorientierte Übungen im Klassenzimmer sinnvoll sein können, wenn alle Schüler die Chance haben, davon zu profitieren, und wenn eine Teamstrategie anstelle von Einzelprüfungen verwendet wird. Solche Praktiken minimieren die Wahrscheinlichkeit, dass Gewinner und Verlierer immer die gleichen Schüler sind, was die Verlierer demütigt und demoralisiert. Da die Schüler außerdem daran interessiert sind, ein gemeinsames Ziel anzustreben, kann die Teamarbeit zwischen den Klassen durch den Wettbewerb zwischen den Gruppen gestärkt werden.

Wir sollten Strategien der Wettbewerbskultur nutzen, um negative Gewohnheiten besser auszurotten. Und wenn der Trainer bestrebt ist, die negativen Verhaltensweisen zu beseitigen, ist es besser, ein Wettbewerbsmodell für das Verhalten zu haben, als auf das Wettbewerbsmodell zu verzichten. Ein Beispiel wie das Constructive Behaviour Game und seine Varianten zielt darauf ab, Schüler zu erziehen, ihre negativen Verhaltensweisen zu verbessern. Diese Spiele versuchen, den Schüler weiter über den Wert von Schularbeiten, Fair Play und Charakterentwicklung zu unterrichten. Solche Wettbewerbe, die im Klassenzimmer eingesetzt werden, haben hervorragende Auswirkungen auf das störende Verhalten der Schüler. Diese Form der

Bestrafung richtet sich an die geringsten Verhaltenssünder. Solche wettbewerbsbasierten Techniken zur Verhaltensmodifikation können sehr erfolgreich sein, um den akademischen Erfolg von Schülern positiv zu beeinflussen.

Einige Leute glauben, dass Wettbewerb im Klassenzimmer die Schüler auf den Wettbewerb in ihrem Leben nach dem Schulabschluss vorbereiten kann. Die Argumentation hinter diesem Argument ist, dass, wenn alle Bildungssysteme kooperativ sind, die Schüler bei der Ausführung von Bildungsaufgaben zu sehr auf ihre Kollegen fokussiert werden und möglicherweise nicht in der Lage sind, in wettbewerbsorientierten oder unabhängigen Situationen in der Zukunft zu brillieren.

Pädagogen täten gut daran, die Schüler zu ermutigen, sich auf die Bewältigung von Aufgaben zu konzentrieren und auf individueller Ebene Lernfortschritte zu machen, anstatt davon abhängig zu sein, wer die höchste Platzierung erreicht. Die Rivalität ist wahrscheinlich lohnend und ermutigend für Schüler, die regelmäßig gewinnen, aber was ist mit denen, die das nicht tun? Vor diesem Hintergrund sollten sich Pädagogen bei der Entscheidung, ob sie einen Wettbewerb in den Unterricht einbauen wollen, bewusst sein und in der Lage sein, gut begründete Argumente für die Durchführung von Wettbewerben vorzubringen, so wie sie es bei jeder anderen pädagogischen Entscheidung tun würden. Insbesondere sollten sie in der Lage sein zu demonstrieren, wie der Erfolg und die Motivation der Schüler durch die Bereitstellung einer klaren Herausforderung oder wettbewerbsfähigen Aktivität verbessert werden. In diesem Szenario sollten sie abwägen, ob der Einsatz von Wettbewerb für die Schüler schädlich sein könnte. Um den Wettbewerb zu nutzen, sollten sie in der Lage sein, pädagogische Vorteile zu identifizieren. Aus der Perspektive der Schüler können sie verstehen, welche Konsequenzen mit dem Gewinnen und Verlieren verbunden sind. Die Erörterung dieser Überlegungen wird den Lehrern wahrscheinlich helfen, den Wettbewerb im Klassenzimmer richtig einzusetzen. Die folgenden Punkte können aus der obigen Diskussion geschlossen werden:

- Der Wettbewerb soll die Neugierde und die Begeisterung für Themen oder Aktivitäten wecken, die die Schüler normalerweise vielleicht wenig interessieren.

- Teambasierte, wettbewerbsorientierte Ansätze können besonders nützlich sein, um Unterrichtsmaterial unterhaltsamer und spannender zu gestalten.

- Good und Brophy (2008) wiesen darauf hin, dass wettbewerbsorientierte Übungen im Klassenzimmer angemessen sein können, wenn alle Schüler die Chance haben, davon zu profitieren, und wenn eine Teamstrategie anstelle von Einzelprüfungen verwendet wird.

- Solche Praktiken werden die Wahrscheinlichkeit minimieren, dass Gewinner und Verlierer immer die gleichen Schüler sind, die die Verlierer demütigen und demoralisieren.

- Da die Schüler daran interessiert sind, ein gemeinsames Ziel anzustreben, kann außerdem die Teamarbeit zwischen den Klassen durch den Wettbewerb zwischen den Gruppen gestärkt werden.

- Wir sollten Strategien der Wettbewerbskultur nutzen, um negative Gewohnheiten besser auszurotten.

- Und wenn der Trainer bestrebt ist, die negativen Verhaltensweisen zu beseitigen, ist es besser, ein Wettbewerbsmodell für das Verhalten zu haben, als auf das Wettbewerbsmodell zu verzichten.

- Ein Beispiel wie das Constructive Behaviour Game und seine Varianten zielt darauf ab, Schüler zur Verbesserung ihrer negativen Verhaltensweisen zu erziehen.

- Diese Spiele versuchen, dem Schüler den Wert von Schularbeiten, Fair Play und Charakterentwicklung näher zu bringen.

- Solche Wettbewerbe, die in den Klassenräumen eingesetzt werden, haben hervorragende Auswirkungen auf das störende Verhalten der Schüler.

- Diese Form der Bestrafung richtete sich an die geringsten Verhaltenssünder.

- Solche wettbewerbsbasierten Techniken zur Verhaltensmodifikation können den akademischen Erfolg von Gymnasiasten sehr positiv beeinflussen.

- Einige Leute glauben, dass der Wettbewerb im Klassenzimmer die Schüler auf den Wettbewerb in ihrem Leben nach dem Abschluss vorbereiten kann.

- Die Argumentation hinter diesem Argument ist, dass, wenn alle Bildungssysteme kooperativ sind, die Schüler bei der Ausführung von Bildungsaufgaben zu sehr auf ihre Kollegen fokussiert werden und in Zukunft möglicherweise nicht in der Lage sind, in Wettbewerbs- oder unabhängigen Situationen zu brillieren.

- Pädagogen täten gut daran, die Schüler zu ermutigen, sich auf die Bewältigung von Aufgaben zu konzentrieren und auf individueller Ebene Lernfortschritte zu machen, anstatt sich danach zu richten, wer am besten abschneidet.

- Die Rivalität ist wahrscheinlich lohnend und ermutigend für Schüler, die regelmäßig gewinnen, aber was ist mit denen, die das nicht tun?

- Insbesondere sollten sie in der Lage sein zu zeigen, wie der Erfolg und die Motivation der Schüler durch die Bereitstellung einer klaren Herausforderung oder einer wettbewerbsfähigen Aktivität verbessert wird.

- In diesem Szenario sollten sie abwägen, ob der Einsatz von Wettbewerb für die Schüler schädlich sein könnte.

POSITIVE FOLGE DES WETTBEWERBS

Wenn die Menschen etwas über Wettbewerb erfahren, vergleichen sie ihn nicht mit etwas, das nützlich sein könnte. Die Menschen neigen dazu zu denken, dass Wettbewerb überall für uns schädlich ist. Es gibt jedoch einige positive Aspekte des Wettbewerbs, und wenn man diese kennenlernt, ist man am besten darin geschult, solche Möglichkeiten zu seinem Vorteil zu nutzen. Das gilt für die Wirtschaft ebenso wie für das Privatleben:

Seien Sie wachsam: Ohne Wettbewerb sind die Menschen im Autopilot-Modus und haben keine Sorgen mehr. Das macht jeden ungeschützt und anfällig für Fehler, die kostspielig sein können. Mit Wettbewerb um sich herum sind sie besser in der Lage, ihre Augen offen zu halten, um jede Information auf der anderen Seite des Weges zu erfassen, so dass sie an der Spitze des Spiels bleiben. Der Wettbewerb lässt sie etwas sehen, was sie normalerweise nicht wahrhaben wollen.

Hilft bei der Beurteilung der Stärken und Schwächen: Menschen erkennen, was sie richtig und was sie falsch machen. Sie haben eine Möglichkeit, mit der Konkurrenz zu bewerten, wie gut oder wie schlecht sie abschneiden. Zu erkennen, was man gut kann und was nicht, ist extrem wichtig, da es beim Erfolg darum geht, die eigenen Stärken auszubauen und die eigenen Defizite zu minimieren. Wie gut das gelingt, bestimmt, wie schnell Sie sich auf die Erfolgsreise begeben.

Das macht einen kreativ: Ohne Wettbewerb scheinen wir uns in der Steinzeit zu befinden. Es ist nur ein Nebenprodukt von irgendeiner Art von Wettbewerb, dem man begegnet. wenn wir einen Blick darauf werfen, wie sehr dies die Zivilisation vorangebracht hat. Kreativität bringt das Potenzial der gesamten Menschheit hervor, egal ob es um die Wirtschaft oder das Privatleben geht. Ohne Wettbewerb würden wir uns am Ende mit weit weniger zufrieden geben als dem, wozu wir fähig sind.

Hilft zu bewältigen: Jeder kann in jedem Konkurrenzklima sowohl Verluste als auch Siege erleben. Wie Menschen mit dem einen oder dem anderen umgehen, definiert wirklich ihren Charakter und prägt ihn. Wenn alles immer so laufen würde, wie wir es wollen, welche Lektion würden wir dann jemals lernen? Außerdem wird das Leben sehr schnell ziemlich langweilig! Wettbewerb zwingt uns, mit beiden Seiten der Medaille umzugehen, und deshalb ist Sport eine großartige Lernerfahrung für Kinder, die gerade heranwachsen. Dies ermöglicht ihnen, mit Gewinnen und Verlieren umzugehen, was eine entscheidende Fähigkeit ist, wenn man sein Leben als Erwachsener bewältigen muss.

Steigert die Qualität: Der Wettbewerb zwingt Geschäftsleute dazu, ihre Qualität zu steigern, egal ob es sich um ein Produkt oder eine Dienstleistung handelt, die ein Unternehmen anbietet, oder wie Sie sich persönlich präsentieren. Um sich zu stärken und weiterzuentwickeln, ist es Teil der Evolution und des Wettbewerbs, dass Sie dafür sorgen, Ihr Spiel, Ihre Leistung oder Ihr Produkt zu jeder Zeit zum Besten zu bringen. Je mehr Wertschätzung Sie um sich herum finden, desto höher wollen Sie kommen, was die Akzeptanz ist, nach der jeder ständig sucht.

Es ermutigt einen, stark zu bleiben: wenn man die Leute vor sich sieht und alles tut, was es braucht, um mit ihnen Schritt zu halten. Das ist die Essenz von Beharrlichkeit. Man gibt nicht auf, bis man an der Spitze steht. Ohne Wettbewerb hätten wir keinen Grund, durchzuhalten. Wir wissen nicht, wo unsere Grenzen liegen und wie weit wir sie ausdehnen können. Die Vorteile der Beharrlichkeit sind unbezahlbar und man braucht eine Rechtfertigung, um solche Vorteile zu erfahren.

Langfristige Planung: Wenn man ausdauernd ist, ist man verpflichtet, strategisch zu planen. Man muss eine Richtung und ein Ziel haben. Ohne Wettbewerb werden Sie nicht erkennen, wo die Ziellinie ist. Wie wollen Sie dann dorthin kommen? Es ist wichtig, einen klaren und präzisen Überblick darüber zu haben, was Sie tun müssen, um auf die Ebene zu kommen, auf der Sie sein wollen, wenn Sie wirklich etwas in Ihrem Leben erreichen wollen. Der Wettbewerb ermutigt Sie, einen Plan zu verfolgen; denn nur dann haben Sie eine Chance, zu überleben.

Für Kinder kann ein Wettbewerb gut sein. Er kann Kindern helfen, eine positive Einstellung zum Gewinnen und Verlieren zu entwickeln. Während sie ihre Fertigkeiten verfeinern und üben und Koordinations- und kognitive Fähigkeiten entwickeln, werden Kinder wettbewerbsfähig. Wettbewerb kann die Entwicklung fördern und ein Kind zu Höchstleistungen anspornen. Kinder profitieren auch, weil sie:

- Setzen Sie Ziele.

- Verlust des Griffs.

- Lernen Sie ihre Fähigkeiten und Grenzen kennen.

- Fähigkeiten entwickeln.

- Lernen, mit anderen zu interagieren.
- Steigern Sie ihre Popularität.
- Entwickeln Sie Kompetenz in einem Bereich.
- Entwickeln Sie Problemlösungsfähigkeiten.
- Probieren Sie verschiedene Rollen aus.
- Lernen Sie die Spielregeln.
- Lernen Sie, vor einer Gruppe aufzutreten.

Wege zur Förderung von positivem Wettbewerb

Es ist offensichtlich, dass innerhalb von Organisationen ein konstruktiver Wettbewerb erforderlich ist. Die folgenden Prinzipien sollten auch verwendet werden, um sicherzustellen, dass ein Unternehmen konstruktiven Wettbewerb fördert und gleichzeitig schädlichen Wettbewerb entmutigt und wahrscheinlich beseitigt:

- Erkennen Sie besondere Erfolge an und erklären Sie, wie jeder von der Umsetzung der gleichen Maßnahmen profitieren kann, um gleiche Leistungen zu erzielen, die der Gesamtleistung des Teams zugute kommen.

- Implementieren Sie ein Führungsentwicklungs- oder Beziehungsprogramm, das Teammitglieder dazu ermutigt, auf positive und kooperative Weise von Gleichaltrigen zu lernen.

- Im Hinblick auf das Ergebnis des größeren Bildes und der ultimativen Mission, und nicht nur im Hinblick auf individuelle Siege und Errungenschaften, ist es das Ziel, Wettbewerb anzuwenden.

- Belohnen Sie Mitarbeiter mit Team-Meilensteinen und beschränken Sie spezifische Belohnungen auf ein Minimum.

- Organisieren Sie Übungen, die die Teilnehmer dazu ermutigen, sich mit ihren eigenen vergangenen Leistungen zu messen, anstatt zu versuchen, den Erfolg der anderen Teammitglieder zu übertreffen.

BEWERTUNG UND FORSCHUNG ZUM WETTBEWERB

Viele Psychologen untersuchen den Wettbewerb in den Bereichen Sport, Wirtschaft, Bildung usw. Einige Psychologen verwendeten die Fragebogenmethode, aber meistens wurde eine experimentelle Methode verwendet, um Wettbewerb zu messen. Smither (1992) untersuchte, dass Wettbewerb ein Persönlichkeitsmerkmal ist, das noch nicht gründlich untersucht wurde, da es für eine Vielzahl von Bedingungen relevant ist. Zwar beschäftigten sich viele Experimente aus den Bereichen Erfolgsforschung, Sportpsychologie, experimentelle Sozialpsychologie und Persönlichkeitsbeurteilung mit dem Thema Konkurrenzfähigkeit, doch nur wenige Studien präsentierten eine detaillierte Definition des Konstrukts oder eine psychometrisch valide Methode zu dessen Erfassung. Diese Arbeit klärte die konzeptionelle Definition von Wettbewerbsfähigkeit und etablierte eine 20-Item-Skala, den Competitiveness Index. Studie 1 basierte auf der Validität und Reliabilität des Maßes; Studie 2 berichtete über die Ergebnisse der explorativen Faktorenüberprüfung des Competitiveness Index, die drei Faktoren ergab: (a) Emotion, (b) Anspruch, und (c) Sport.

Richard et al. (1996) kamen zu dem Schluss, dass das Vorhandensein eines psychometrisch ausgewogenen Instruments das Wachstum von Theorie und Wissenschaft auf dem Gebiet des geistig stabilen Wettbewerbs behinderte. Im Rahmen eines Forschungsprogramms wurden vier Studien durchgeführt, die diesen Mangel beheben sollten, indem ein individuelles Differenzmaß der allgemeinen Wettbewerbseinstellung in der Persönlichkeitsentwicklung mit geeigneten psychometrischen Eigenschaften geschaffen wurde. Wettbewerb in der Persönlichkeitsentwicklung wurde erwartungsgemäß positiv mit Zugehörigkeitsbedürfnissen in Verbindung gebracht, obwohl Hyperwettbewerb nicht mit Zugehörigkeitsbedürfnissen in Verbindung gebracht wurde. Dies war bei Konkurrenten in der Persönlichkeitsentwicklung nicht der Fall, während hyperkompetitive Individuen aggressiver, narzisstischer und exhibitionistischer wurden.

Harris (2010) untersuchte die Reliabilität des Revised Competitiveness Index, indem er die Test-Retest-Reliabilität, die Inter-Item-Reliabilität und die Faktorenstruktur des Indikators anhand einer Stichprobe von 280 Studenten im Alter von 18 bis 28 Jahren analysierte. Seine Ergebnisse zeigten, dass der Revised Competition Index eine gute Test-Retest-Reliabilität, hohe Interitem-Reliabilität und eine stabile Faktorenstruktur aufweist. Die Ergebnisse bestätigten die Aussage, dass der Revised Competitiveness Index Wettbewerbsfähigkeit als eine stabile Funktion und nicht als einen volatilen Zustand misst.

Sigalas et al. (2013) versuchte, ein Maß für Wettbewerbsvorteile zu erstellen, indem er eine stipulative Definition aufstellte, eine organisatorische Bedeutung schrieb und einen Messanteil entwickelte. Er führte eine kritische Literaturrecherche, kognitive Interviews sowie eine Pilot- und Vollanalyse durch, um ein einfaches und verlässliches Maß für den Wettbewerbsvorteil zu schaffen, was durch die Einbindung einer querschnittlichen, selbstadministrierten E-Mail-

Fragebogenerhebung in eine Mehrwegnachrichten-Datei erreicht wurde. Die Ergebnisse bezogen sich auf die Beschreibung eines konzeptionell stabilen Lebensmittelwertes, die Etablierung einer umfassenden Organisationsdefinition und die Erstellung einer qualifizierten Variable, die es ermöglicht, ein einfaches und spezifisches Maß für den Wettbewerbsvorteil zu entwickeln. Der neu entwickelte Wettbewerbsvorteilsindex, befreit von den bisherigen konzeptionellen Hindernissen, kann für valide Schätzungen zukünftiger empirischer Studien im Bereich der strategischen Strategie verwendet werden. Im gleichen Zeitraum wurde von den Autoren eine weitere Überprüfung der Effektivität und Legitimität der neu entwickelten Metrik angeregt. Die Ergebnisse trugen zur Entwicklung des Sektors des strategischen Managements bei, indem sie eine reale und spezifische Metrik des Wettbewerbsvorteils vorstellten, die im strategischen Management in jedem führenden theoretischen Sinn anwendbar war und den Bedürfnissen sowohl der akademischen Forschung als auch der Managementpraxis besser dienen konnte.

Singh und Kaur (2018) erstellten einen Fragebogen zur Bewertung des Wettbewerbsniveaus unter Menschen. Er basiert auf einer 5-Punkte-Ratingskala, die von "stimme überhaupt nicht zu" bis "stimme voll zu" reicht. Sie konstruierten den Test der Wettbewerbsfähigkeit, um das Wettbewerbsniveau zusammen mit den Dimensionen des Wettbewerbs zu messen, nämlich Aggression, Motivation, Vergleich, Macht und Anerkennung. Die Reliabilität wurde durch Anwendung von Cronbachs Alpha und der Split-Half-Methode ermittelt. Die Split-Half-Reliabilität der Skala wurde mit 0,88 und die

Cronbach's Alpha-Reliabilität mit 0,91 ermittelt. Zur Untersuchung der Inhaltsvalidität des Fragebogens wurde die Item-Gesamtkorrelation berechnet. Die Item-Gesamtkorrelation aller Items lag zwischen 0,27 und 0,55. Sie entwickelten auch standardisierte Normen für diesen Fragebogen für die mögliche Verwendung des Fragebogens bei individuellen Tests als Bewertungsinstrument zur Beurteilung des Wettbewerbsniveaus einer Person

Forschung und Bewertung in der Psychologie

Tauer & Harackiewiczz untersuchten ebenfalls den Effekt von Wettbewerb und Leistungsorientierung auf die intrinsische Motivation (1999). In kompetitiven und nicht-kompetitiven Situationen erhielten die Teilnehmer positives oder ungünstiges Feedback zu ihrer Leistung und es zeigte sich, dass der Effekt von Wettbewerb durch Leistungsorientierung moderiert wurde. Individuen mit starker Leistungsorientierung hatten unter positiven und ungünstigen Inputszenarien mehr Spaß an einem Wortspiel im Wettbewerb als solche mit geringer Leistungsorientierung. Die Folgen des Leistungsinputs wurden ebenfalls evaluiert und es wurde festgestellt, dass sich interpersonelles (Outcome) und intrapersonelles Feedback unabhängig vom Wettbewerbskontext positiv auswirken. Es wurde außerdem festgestellt, dass die Leistungsorientierung auch bei fehlendem Ergebnisfeedback den Effekt der Rivalität abschwächt. Mediale Analysen identifizierten Fähigkeitsbewertung, wahrgenommene Herausforderung, Eifer und positive Auswirkung als

Mediatoren der Effekte von Wettbewerb und Input auf die intrinsische Motivation.

Sutton & Keogh (2000) untersuchten Einschüchterung als Teil des allgemeinen Reaktionsmusters des Individuums in Bezug auf intime Beziehungen, Peer-Konkurrenz und Förderung der Schule. Die Hypothese war, dass Mobbing-Aktivitäten und Mobbing-Erwartungen im Klassenzimmer mit sozial kompetitiven Einstellungen zusammenhängen. Die Ergebnisse zeigten, dass selbst nach teilweiser Identifikation von Extraversion, Psychotizismus und sozialer Erwünschtheit ein Faktor der Präferenz für soziale Leistung negativ mit Empathie für Mobbing-Opfer korreliert war. Pro-Opfer-Verhaltensweisen hingegen waren negativ mit Machiavellismus und Psychotizismus verknüpft und positiv mit dem Lie-Score assoziiert. Schließlich erzielten Kinder, die als Täter identifiziert wurden, einen etwas höheren und signifikant niedrigeren Wert in Bezug auf Pro-Viktim-Einstellungen als Machiavellismus-Kontrollen.

Lawson (2001) stellte in Frage, ob die Sozialtheorie als kritischer Realismus systematisiert wird, der sehr abstrakt und philosophisch orientiert ist. Er hatte nichts über die Wünschbarkeit der sozialen Prozesse des Vertrauens, der Konkurrenz und der Zusammenarbeit zu sagen. Die Quelle des Zweifels ergibt sich aus dem Verständnis, dass Unternehmungen oder Standpunkte, die üblicherweise mit Wissenschaftsphilosophie in Verbindung gebracht werden, nicht direkt mit inhaltlichen Argumenten oder konkreten politischen Orientierungen verbunden sind. Dies gilt für den systematisierten Standpunkt als notwendiger Realismus ebenso wie für jeden anderen; begründete Argumente und politische Meinungen verdienen es nicht, als die entscheidenden Ideen oder Strategien des Realismus bezeichnet zu werden. Vielmehr ist der Wechsel von einem philosophischen Standpunkt zu einer bestimmten politischen Position ergänzend mit empirischen Argumenten verbunden.

Houston (2002) diskutierte die Konstruktion von Wettbewerb, der von Psychologen seit über 100 Jahren abwechselnd definiert und operationalisiert wird, und seine Beziehung zu anderen Strukturen. Vier Ideen bezüglich der Multidimensionalität und der damit verbundenen Systeme wurden vorgeschlagen und getestet, indem 10 verschiedene Papier-und-Bleistift-Messungen an 140 Studenten durchgeführt wurden. Zwei Faktorenstudien lieferten Beweise für die Benennung von zwei Faktoren, Self-Aggrandizement (Identität) und Behavioral Success. Die Ergebnisse legten nahe, dass die Forscher den Wettbewerb sorgfältig definieren und Indikatoren wählen sollten, die ihre eigene Bedeutung widerspiegeln, um die Interpretation der Ergebnisse zu optimieren.

Alock (1974) führte seine Studie über 32 Beziehungen, Rivalitäten und den Effekt von Zeitbeschränkungen in Kanada und Indien durch. Der Effekt von Zeitbeschränkungen auf das Verhandlungsverhalten wurde in drei Analysen von 20 männlichen und 20 weiblichen Dyaden kanadischer Studenten (Exp-I), 20 männlichen und 18 weiblichen Dyaden indischer Studenten (Exp-II) und 24 Dyaden kanadischer männlicher Studenten (Exp-II) und 24 Dyaden indischer männlicher Studenten (Exp-III) untersucht. Kanadier und Inder beiderlei Geschlechts waren beide relativ freundlich, unabhängig von der Ursache des Zeitmangels. Indische Frauen waren jedoch passiver als die anderen Gruppen.

Wettbewerb wurde auch als eine Möglichkeit zur Verbesserung des anstrengungsbasierten Lernens und der Konzentration einbezogen. DiMenichi & Tricomi (2015) untersuchten die Auswirkungen von Wettbewerb auf Anstrengung und Gedächtnis. In Experiment 1 führten die Teilnehmer eine körperliche Anstrengungsaufgabe durch, bei der sie für den Gewinn des Gesamtprozentsatzes oder den Gewinn eines Spiels, das sie als gegen ein anderes Team wahrnahmen, belohnt wurden. In Experiment 2 führten die Teilnehmer eine Gedächtnisaufgabe durch, bei der sie für das Erinnern eines Gesamtprozentsatzes an Formen oder mehr Formen als ein "Konkurrent" belohnt wurden. Sie fanden heraus, dass die Teilnehmer in der Anstrengungsaufgabe schnellere Reaktionszeiten (RTs) - ein früherer Prädiktor für erhöhte Aufmerksamkeit - im Wettbewerbskontext zeigten. Darüber hinaus sagten individuelle Unterschiede die Ausprägung der Effekte des Wettbewerbs voraus. Darüber hinaus zeigten männliche Teilnehmer schnellere RTs und eine höhere anhaltende Anstrengung als Ergebnis einer kompetitiven Umgebung, was darauf hindeutet, dass Männer bei körperlichen Anstrengungsaufgaben stärker von Wettbewerb betroffen sein könnten. In Experiment 2 erinnerten sich die Teilnehmer jedoch während des Wettbewerbs an weniger Formen und erinnerten sich später während des Post-Tests an weniger dieser Formen, was darauf hindeutet, dass der Wettbewerb für unsere Gedächtnisaufgabe schädlich war. Die unterschiedlichen Ergebnisse dieser beiden Studien deuten darauf hin, dass Wettbewerb die Konzentration bei der Aufgabe der körperlichen Anstrengung erhöht, während gleichzeitig vor dem Einsatz von Wettbewerb bei Gedächtnisaufgaben gewarnt wird.

Nur wenige Studien haben untersucht, wie sich das Vorhandensein eines Konkurrenten speziell auf Motivation, Anstrengung und Gedächtnis auswirkt. In Burguillo (2010) wurde festgestellt, dass die Einführung von wettbewerbsbasierten Spielen im Klassenzimmer die Leistung des Kurses erhöhte. Es kann daher angenommen werden, dass Wettbewerb jeden Aspekt des Gedächtnisprozesses direkt verbessern kann; es ist jedoch nicht klar, ob Wettbewerb den Fokus, die Anstrengung oder das Gedächtnis direkt beeinflusst. Die Forschung hat gezeigt, dass die Existenz eines Konkurrenten die körperliche Anstrengung sowohl über kurze (Le Bouc und Pessiglione, 2013) als auch über lange Zeiträume (Kilduff, 2014) erhöhen kann. Es hat sich auch gezeigt, dass Wettbewerb die physische Motivation erhöht, wie z. B. die Motivation, Sport zu treiben (Frederick-Recascino und Schuster-Smith, 2003). Ein besseres Verständnis darüber, wie Wettbewerb den Erfolg steigert, kann helfen zu verstehen, wie die kognitive Leistung gesteigert werden kann (z. B. Gedächtnis im Klassenzimmer).

Das Ausmaß und die Richtung des Einflusses von Wettbewerb auf den Erfolg kann auch für verschiedene Individuen unterschiedlich sein. Es gibt zahlreiche Unterschiede, insbesondere bei der

Entschlossenheit in verschiedenen Bereichen (Duckworth et al., 2007; Maddi et al., 2012). So haben frühere Forschungen gezeigt, dass die Leistung in vermeintlich herausfordernden Aufgaben (Swanson und Tricomi, 2014) für einzelne Regulationsziele unterschiedlich hoch ausfiel - also besser war als die anderen Ziele (Grant und Dweck, 2003). Die Ergebnisse legen nahe, dass es unterschiedliche Auswirkungen von Wettbewerben auf Engagement, Aufmerksamkeit und Gedächtnis geben könnte. Wettbewerb kann auch Anstrengungselemente und Gedächtniselemente auf unterschiedliche Weise beeinflussen. Es ist zu erwarten, dass Wettbewerb die Leistung unter Umständen erhöht, die ein Minimum an Aufmerksamkeit erfordern, in Übereinstimmung mit der Regel von Yerkes und Dodson (1908), aber nicht unter Bedingungen, die eine hohe Aufmerksamkeit für das Lernen erfordern.

Forschung und Bewertung in der Soziologie

Shimizu (1973) untersuchte die wechselseitigen und kompetitiven Orientierungen von 20 Gruppen von 60 männlichen College-Studenten mittels eines Matrixspiels, bei dem 5 Blöcke der Versuchsgruppen 5 Stufen der Erwartung positiver Gemeinschaftsergebnisse ausgesetzt waren. Die Probanden wurden angewiesen, sich entweder kooperativ oder kompetitiv zu verhalten, um die Höhe der Belohnungen zu maximieren. Die Ergebnisse zeigten, dass gruppenorientierte oder kooperative Handlungen vorherrschten, wenn die Gruppenleistung als kleiner, aber nicht bemerkenswert niedriger als das Gruppenziel angesehen wurde. Wenn die Leistung der

Gruppe deutlich erfolgreich war oder dem Fortschritt entsprach, auch wenn die Gruppenproduktion deutlich unter dem Gruppenziel lag, herrschte individuumszentriertes oder kompetitives Verhalten vor.

Ryckman (1997) analysierte in einer Studie mit Universitätsstudenten die Glaubensstrukturen von wohlhabenden Menschen mit hyperkompetitiver und privater Entwicklung. Wie erwartet, neigten Menschen mit höherer Hyper-Wettbewerbsfähigkeit und persönlicher Entwicklungs-Wettbewerbsfähigkeit auch eher dazu, Werte anzunehmen, die mit dem selbstbezogenen Individualismus zusammenhängen, wie Leistung, Hedonismus und das Streben nach einem angenehmen und herausfordernden Leben, aber nur Hyper-Wettbewerbsfähigkeit nahm den Wert der Vorherrschaft und Kontrolle über andere an. Im Gegensatz dazu zeigten die Studien, dass Menschen mit einer höheren persönlichen Entwicklungswettbewerbsfähigkeit eher Werte akzeptierten, die mit dem Individualismus als Ganzes zusammenhängen. Tatsächlich nahmen sie aktiv Werte an, die mit sozialer Rücksichtnahme verbunden sind, einschließlich der Sorge um das Wohlergehen anderer und deren Behandlung mit Fairness und Gleichheit, während Hyper-Wettkämpfer einen Mangel an solcher Rücksichtnahme zeigten.

Stephen (2013) führte ein neues Paradigma ein, das zwischen Faktoren unterscheidet, die den sozialen Vergleich zwischen Personen und Situationen verbessern und dadurch zu einer Vielzahl von wettbewerborientierten Einstellungen und Verhaltensweisen führen. Viele, die von Person zu Person variierten, waren individuelle

Variablen: die Relevanz der Leistungsdimension, die Ähnlichkeit der Konkurrenten und ihre Nähe zur individuellen Beziehung sowie die ausgeprägten Variablen der zwischenmenschlichen Unterschiede, die am meisten mit sozialem Vergleich korrelierten. Umgekehrt waren die Aspekte, die sich auf ähnlich platzierte Individuen in der sozialen Vergleichslandschaft auswirkten, situative Variablen: die Nähe zu einer Benchmark, die Anzahl der Konkurrenten, die Verwerfungen in der sozialen Gruppe und mehr. Die Diskrepanz zwischen individuellen und situativen Faktoren trug oft dazu bei, alternative Wege für die Untersuchung des sozialen Vergleichs zu projizieren und neue Perspektiven durch die Psychologie und verwandte Disziplinen zu entwickeln.

Forschung und Bewertung im Sport

Lefevure & Cunning (1974) untersuchten die Wettbewerbsorientierung belgischer College-Studenten und konzentrierten sich dabei auf die Auswirkungen von nicht-punitiven und unterschiedlichen Verteilungsspielstrategien. 90 Studenten spielten das Deutsch'sche Verteilungsspiel auf sechzig Plätzen. Das nicht-kompetitive Verhalten der Probanden und die unterschiedlich neutralisierte Wettbewerbsfähigkeit wurden im 1. (Basis-) Szenario gleichermaßen von Mitspielern belohnt, die nicht-strafende und abschreckende Strategien spielten. Beide Strategien wurden in der 2. und 3. Situation durch einen moralsteigernden Slogan und eine vertrauensmindernde Reformed Sinner-Taktik begleitet. Die Strategien und Bedingungen entwickelten separate Versionen. In grundlegenden Fällen brachte das Engagement der Probanden mit dem nicht bestrafenden Konföderierten viel mehr Punkte als mit dem abschreckenden Konföderierten. Mehr Punkte wurden durch kooperatives und individualistisches Verhalten erzeugt. Der Message-Umstand erzeugte in beiden Ansätzen weitere Punkte, während der reformierte Sünder-Zustand in der nicht-punitiven Lösung tendenziell die Anzahl der erzielten Punkte verringerte.

Forschung und Bewertung im Bereich Politik

Ernst (1979) erklärte, dass das Fundament einer neuen politischen und zivilen Gesellschaft die Interessen der Bürger als menschliche Wesen, ihre Gleichheit als Objekte und ihre Freiheit als Bewohner sein sollten. Dementsprechend bedeutet die Sorge um die Freiheit nicht die staatliche Sorge um das Glück; die Gleichheit vor dem Gesetz impliziert nicht die Gleichheit von Eigentum und Reichtum; die Demokratie impliziert nicht den Aufstieg über die kontingente Arbeit hinaus. Als Folge des Versprechens gleicher Rechte und des durch sie gesicherten gerechten Ausgleichs sind rassische Ungleichheiten entstanden, die eine Kontroverse über die theoretische und politische Bedeutung liberaler Prinzipien hervorgerufen haben. Die sozialen Prozesse, die die Unterschiede zwischen Reichtum, Eigentum und Kontrolle erzeugen, sind durch Wettbewerb, Rivalität und Streit gekennzeichnet. Die unvorhergesehenen Begleiterscheinungen, Missbräuche oder Entartungen spielten dabei keine Rolle; das Streben nach Ansehen und Ehre, Macht und Autorität, Leistung und Reichtum galten vielmehr als die notwendigen Ergebnisse, die sich aus den normalen Neigungen der Menschen ergeben. In der Gemeinschaft des Krieges aller gegen alle ergo wurden die anthropologischen Ursachen des Grundantagonismus aufgezeigt: die Konkurrenz, das ständige und unersättliche Streben des Menschen nach Herrschaft, das nur mit dem Tod endet. Konkurrenzdebatten lassen sich sogar auf die Machbarkeit und Grenzen der westlichen Demokratie beschränken.

Becker (1983) schlug eine Theorie des Wettbewerbs zwischen Interessengruppen um politischen Einfluss vor. Die Leistung jeder Partei bei der Schaffung von Dominanz, die Auswirkung von erhöhtem Druck auf ihre Macht, die Anzahl der Bürger in den verschiedenen Gruppen und die Kosten von Steuern und Subventionen als Passivposten wurden zur Grundlage des politischen Gleichgewichts. Die Erhöhung der Kosten des Passivums entmutigte die Nachfrage von subventionierten Stellen und begrüßte den Druck der Steuerzahler. In diesem Bericht wurde die Annahme, dass Regierungen Marktversagen beheben, mit der Ansicht kombiniert, dass sie die politisch Mächtigen begünstigen. Der Kampf um politische Gefälligkeiten schuf beides.

Furnham (1994) befragte etwa 12.000 junge Menschen aus 41 Nationen auf allen fünf Kontinenten und analysierte Themen wie Arbeitsethik, Leistungsbereitschaft, Wettbewerbsfähigkeit und Einstellungen zu Geld und Sparen. Über einen 10-Jahres-Zyklus standen Wettbewerbsfähigkeit, Geld und Sparverhalten in einem klaren und vernünftigen Zusammenhang mit dem Bruttoinlandsprodukt und dem Wirtschaftswachstum. Die europäischen Nationen wiesen in diesen Dimensionen schwächere Werte auf als die nicht-europäischen Nationen. Bei der Arbeitsethik und -beherrschung schnitten die nord- und südamerikanischen Länder am besten ab, während die Jugendlichen aus den Ländern des Fernen und Mittleren Ostens die höchsten Werte bei der Produktion und dem Erwerb von Kapital angaben.

Forschung und Bewertung im Geschäftsfeld

Dreher (1980) untersuchte den Zusammenhang zwischen externen Arbeitsmöglichkeiten und Personalfluktuation. Für verschiedene Berufsgruppen wurden Methoden zur Abschätzung von Karrierechancen diskutiert. Der Wettbewerb sei ein Indikator für die Fluktuation bei zu erwartenden Stellenangeboten, hieß es. Er diskutierte auch den möglichen Anstieg der Fluktuationsraten, der durch die Einbeziehung der Berufsgruppen unter Bezugnahme auf die Arbeitsmarktprognosen für Angebot und Nachfrage vorhergesagt wurde.

Rudd, Stoll und Beller (1997) fanden heraus, dass die männlichen Teilnehmer genauso wettbewerbsorientiert waren wie die weiblichen. Moralisches Denken wurde oft in konkurrierenden Kulturen untersucht. Die widersprüchliche post-modern Gesellschaft war durch einen liberalen Individualismus gekennzeichnet, stellte Edgar (1998) fest, Verwirklichung als eine Art der Existenz. Das postmoderne Unternehmen und seine internen Widersprüche: der Krieg des Managements gegen seine Belegschaft inmitten des Redens über gemeinsame Ideale, das Reden über Anteilseignerschaft inmitten von

Downsizing als andauernde Mode, Verhinderung und Entmachtung des mittleren Managements, das Reden über Zusammenarbeit inmitten der Förderung von internem Wettbewerb und der Entfaltung individueller Haftung. Inklusive Benefiz als Mittel zur Steigerung des Unternehmenskapitals, durch Vollprofit, um die Basis der persönlichen Macht und des persönlichen Vermögens zu erweitern. Unternehmen aufzuspalten wird effizienter als sie zu führen. Die instabilen Märkte der Welt und die Verschmelzung von Firmen sind ein häufiges Phänomen.

Fehr & Schmidt (1999) fanden heraus, dass es reichlich Belege dafür gab, dass die Verhandlungsmacht von Organisationen in globalen Märkten missbraucht wurde, nicht jedoch in bilateralen Verhandlungssituationen. Es gab auch reichlich Berichte, dass Menschen Trittbrettfahrerrechte im partnerschaftlichen Wettbewerbssport verletzten. Da ihnen jedoch das Recht verweigert wurde, Trittbrettfahrer zu genehmigen, blieb die stabile Harmonie erhalten, obwohl die Bestrafung für diejenigen, die sie bestraften, kostspielig war. In seiner Arbeit fragte er sich, ob eine einfache universelle Theorie diesen rätselhaften Beweis erklären könnte. Er zeigte, dass das Rätsel gelöst werden könnte, wenn alle Individuen von Fairness besessen wären. Es stellte sich heraus, dass das wirtschaftliche Umfeld bestimmte, ob die ähnlichen Stile oder die egoistischen Typen den Gleichgewichtsbetrieb dominierten.

Boone (2008) schlug relative Gewinne als ein robustes Produktivitätsmaß vor. Er berücksichtigte neun verschiedene

Produktivitätsparametrisierungen und stellte fest, dass eine robustere Rivalität die Rentabilität einer Organisation im Vergleich zu einem weniger effizienten Unternehmen erhöhte. Darüber hinaus hat sich die allgemeine Rivalität, gemessen als Preis-Kosten-Spanne (PCM) und Herfindahl-Index (H), als Reaktion auf einen intensiveren Wettbewerb entweder verbessert oder verringert. In diesem Fall ist der RP ein robusteres Wettbewerbsmaß als PCM und H geworden.

Ismail (2010) untersuchte empirisch die potenziell moderierenden Variablen, die die Partnerschaft zwischen Wettbewerbsvorteil und Erfolg eines Unternehmens beeinflussen könnten, darunter das Alter und die Größe von Unternehmen. Diese Arbeit lieferte Unternehmen wertvolle Einblicke, indem sie den relativen moderierenden Einfluss dieser Variablen untersuchte, insbesondere im Hinblick auf strategisches Management, das auf Leistung und die Erlangung eines Wettbewerbsvorteils abzielt. Diese Untersuchung wurde unter den 127 Herstellern durchgeführt, die 2008 im Manufacturers' Directory der Federation of Malaysia aufgeführt waren. Es wurde eine Querschnittsstudie unter Verwendung eines strukturierten Fragebogens durchgeführt, um Antworten von den Herstellern zu erhalten. Eine zweiseitige ANOVA offenbarte, dass nur das Alter der Unternehmen ein signifikanter Moderator in der Beziehung zwischen Wettbewerbsvorteil und Leistung war, und dass diese Beziehung für ältere Unternehmen größer war. Der Zusammenhang zwischen Wettbewerbsvorteil und Erfolg wird nicht signifikant durch die Größe der Unternehmen moderiert. Insgesamt präsentierte diese Studie empirische Unterstützung für die

99

ressourcenbasierte Sichtweise (RBV) malaysischer Hersteller zum Thema Wettbewerbsvorteil, angesichts des nicht-signifikanten moderierenden Einflusses der Unternehmensgröße.

Armstrong (2012) stellte fest, dass in den letzten 25 Jahren die Vorherrschaft der Big-Box-Supermärkte im weltweiten Einzelhandel und der Niedergang der kleinen Einzelhändler dramatisch zugenommen haben. Er untersuchte, wie die Partnerschaft zwischen der Wahl des Ansatzes und dem geplanten Erfolg durch das Wettbewerbsniveau der Big-Box-Stores moderiert wurde. Die Ergebnisse der Querschnittsstichprobe wurden von einer Gruppe von 199 kleinen Einzelhändlern in den USA verwendet. Die Studie kommt zu dem Ergebnis, dass kleine Einzelhändler Strategien implementieren, um historisch nicht verfügbare, qualitativ hochwertige Produkte oder Dienstleistungen zu vermarkten, um zukünftiges Wachstum zu verfolgen. Der Verknüpfungseffekt der Strategie mit dem direkten Wettbewerb mit großen Einzelhändlern hatte jedoch einen negativen und wichtigen Einfluss auf das erwartete Wachstum. Kleine Einzelhändler mussten verstehen, dass die Techniken, mit denen sie den Erfolg anstrebten, letztlich Methoden zum reinen Überleben waren, wenn sie in direktem Wettbewerb zu großen Einzelhändlern standen. Basierend auf dem direkten Wettbewerb mit einem großen Einzelhandels-Supermarkt war die Wachstumsinitiative des einen kleinen Einzelhändlers die Überlebenstaktik eines anderen kleinen Einzelhändlers.

Armstrong (2013) argumentierte, dass die vermuteten statistischen Assoziationen zwischen der Wahl der Strategie und der Leistung im Umfeld kleiner Unternehmen zusammenbrechen könnten. Eine Datenerhebung der National Federation of Independent Businesses wurde verwendet, um Theorien in Bezug auf die strategischen Ziele von 754 Kleinunternehmen mit starken Ergebnissen der Nachhaltigkeit und erwarteten Expansion zu testen. Kleine Unternehmen haben gelernt, dass sie sich sowohl auf Rentabilität als auch auf Wachstum konzentrieren können, wenn sie kompetenzbasierte Strategien einführen. Praktisch alle kleinen Unternehmen haben aggressive Ansätze angenommen, aber ihre Lebensfähigkeit ist durch einige der Methoden bedroht, die sie zur Verfolgung des Erfolgs verfolgt haben.

Forschung und Bewertung im Bildungsbereich

Zanzig (1995) untersuchte die Position des interjurisdiktionalen Wettbewerbs zwischen den Schulbezirken. Unter Verwendung von Daten der kalifornischen Schulbezirke aus dem Jahr 1970 und nach Korrektur für eine Vielzahl von Bildungsinputs wurde festgestellt, dass die Leistungsergebnisse steigen, wenn der Wettbewerb zwischen den Schulbezirken immer stärker wird. Diese Beziehung setzt sich fort, nachdem ein nachhaltiger Höhepunkt erreicht wurde, bei dem aufeinanderfolgende Bezirke keinen Einfluss auf die Leistung hatten. Es besteht ein Bedarf an drei bis vier Schulbezirken pro Bezirk, um einen lebensfähigen Bildungssektor zu schaffen, wurde festgestellt. Diese Ergebnisse waren kompatibel mit vergleichenden

Untersuchungen, die die Auswirkungen der Aufnahme in den privaten Sektor untersuchten. Darüber hinaus zeigten die Ergebnisse, dass eine Vielzahl von Beiträgen von Eltern, Schulen und Schülern bei der "Produktion" von Schülererfolg von Bedeutung waren.

Lucas (1994) verglich Rivalität mit einer eindimensionalen und grundlegend verzerrten Definition von Wettbewerbsfähigkeit bei Mexikanern und Angloamerikanern. In seiner Studie wurde eine umfassendere Norm einschließlich der Beziehung zwischen Akkulturation und Wettbewerbsfähigkeit erhoben und 55 Mexikanisch-Amerikaner wurden auf drei Schulstufen bewertet. Er stellte fest, dass mexikanische Amerikaner, im Gegensatz zu Angloamerikanern, nicht wettbewerbsfähig waren.

David (1995) diskutierte den Sinn von Zusammenarbeit und Wettbewerb und die Orientierung japanischer Schüler an kooperativen und kompetitiven Schulaktivitäten. Zweitens ergab eine Befragung von 102 Lehrern 871 Items, die ein breites Spektrum von akademischen und nicht-akademischen Aktivitäten und Schülerverhaltensweisen beschrieben. Jeder Schüler eines Sekundarschulkomplexes bewertete dann 24 dieser kompetitiven und kooperativen Artefakte in Bezug auf die persönliche Wichtigkeit über drei aufeinanderfolgende Schuljahre. Ein allgemeiner Faktor für Teamarbeit und drei Faktoren für Wettbewerbsfähigkeit werden durch Faktorenanalysen der Bewertungen aufgezeigt: nicht-akademisch, akademisch und gruppenzentriert. Die Punktwerte variierten bei allen vier Gesamtindizes je nach Klassenstufe und/oder Kohortenzugehörigkeit der Studenten. Frauen hatten höhere Werte als Männer auf dem zusammengesetzten Index "Beziehung", aber es gab keinen Geschlechterunterschied auf den drei Wettbewerbsindizes. Diese Daten deuten darauf hin, dass es möglich ist, kooperative Entwicklung und Wettbewerbsfähigkeit in einem Längsschnitt, akademischen und nicht-akademischen Kontext zu untersuchen. Die Ergebnisse wurden im Hinblick auf gesellschaftliche Werte, jugendliche Erwartungen und den stillschweigenden Lehrplan in japanischen Oberschulen untersucht.

Gneezy et al. (2003) untersuchten erfahrene Lehrer, die an einer vertrauten Aufgabe gegen bekannte Kollegen eingesetzt wurden. Geschlechtsspezifische Unterschiede in Bezug auf Selbstvertrauen und Wettbewerbsfähigkeit spielten in diesem Umfeld weniger eine Rolle. Er schlug auch vor, dass Lehrer, insbesondere männliche Lehrer, sich in ihrer Wettbewerbseinstellung von der Allgemeinheit unterscheiden könnten.

Lavy (2008) untersuchte den Wettbewerb unter Mathematik-, Englisch- und Sprachlehrern, die an Ranglistenturnieren teilnahmen, bei denen den Lehrern Geldpreise auf der Grundlage des Erfolgs bei den Testergebnissen ihrer Schüler angeboten wurden. Die Wettbewerbe wurden innerhalb der Region und der Gemeinde durchgeführt, was zu einer Variation der Geschlechterunterschiede zwischen den Wettbewerben beitrug. Bei der Messung der Leistung anhand der Gesamtwertung, der Siegerquote und des gewonnenen Preises finden sich keine Anzeichen für geschlechtsspezifische Ungleichheiten in der

Entwicklung, und es scheint auch nicht, dass die Geschlechterdisparität der Teilnehmer die Ergebnisse beeinflusst.

Forschung und Bewertung im biologischen Bereich

Der Mensch reagiert auf körperliche und mentale Herausforderungen mit komplexen hormonellen Reaktionen. Bei Männern steigen die Testosteron- (T) und Cortisolspiegel (C) vor einer Herausforderung an und Gewinner haben höhere T-Spiegel als Verlierer (Dabbs & Dabbs, 2000; Elias, 1981; Mazur & Lamb, 1980). Studien zur Gruppendynamik haben sich auf dyadische Interaktionen konzentriert, aber es gibt mehrere Gründe für die Annahme, dass die Rivalität zwischen Gruppen in der menschlichen Evolution eine zentrale Rolle spielte (Alexander, 1989, 1990; Chagnon, 1992; Humphrey, 1976; Wrangham, 1999). Männliche Primaten unterstützen sich in bestimmten Fällen gegenseitig bei Dominanzkämpfen. Bei Pavianen ist der Testosteronspiegel während männlicher Rangkonflikte erhöht, was den Forschungen von Sapolsky (1991, 1992) beim Menschen ähnelt (Elias, 1981; Mazur & Lamb, 1980). Allerdings gibt es signifikante Unterschiede zwischen Pavian- und menschlichen Koalitionen. Bei Pavianen kann die Kooperation mit einem anderen Männchen während eines Kampfes sehr nützlich sein, da das Männchen, sobald es in einen Kampf verwickelt ist, seinem Partner keinen Schutz garantiert (Sapolsky, 1991, S. 282). Koalitionelle Handlungen unter Menschen sind tendenziell zuverlässiger, nachhaltiger und tödlicher als individuelles Verhalten (z.B. Chagnon, 1992). Die Bildung umfassender Koalitionen beim Menschen führt zu komplexen Arenen des sozialen Wettbewerbs sowohl innerhalb als auch zwischen Gemeinschaften, die verschiedene kompetitive und kooperative Mechanismen beinhalten (Geary & Flinn, 2002; Taylor et al., 2000).

Wagner et al. (2002) bemerkten, dass frühere Forschungen zeigten, dass Testosteron (T) und Cortisol (C) als Reaktion auf eine Vielzahl sozialer Stimuli, wie z. B. dyadisches Konkurrenzverhalten, freigesetzt werden, aber Menschen konkurrieren immer noch als Gruppen. Es wurde über die Ergebnisse einer Pilotstudie zu den Hormonreaktionen auf männlichen Bündniswettbewerb berichtet. Die Analysen zeigten, dass sowohl die T- als auch die C-Spiegel für den Wettbewerb zwischen den Dörfern höher waren und die Reaktionen ausgeprägter waren als für den Wettbewerb innerhalb der Dörfer, aber er verglich nicht die Antworten auf Sieg und Niederlage in der Situation zwischen den Dörfern, da unsere Probanden beide dieser Wettbewerbe gewannen.

WETTBEWERB AUS VERSCHIEDENEN PERSPEKTIVEN
Wettbewerb aus kultureller Sicht

Houston (2005) stellte fest, dass Wettbewerb, definiert als der Wunsch, sich in zwischenmenschlichen Situationen zu übertreffen, ein wichtiger individueller Unterschied ist, der sich auf eine Reihe von sozialen Interaktionen auswirkt, und konzentrierte sich auf die Wettbewerbsfähigkeit in Kulturen außerhalb der Vereinigten Staaten, die nur wenig erforscht sind. Diese Studie untersuchte Wettbewerb in drei Gesellschaften, indem sie chinesische, japanische und amerikanische College-Studenten verglich. Ethnizität und Geschlecht wurden auf zwei Skalen des überarbeiteten Competitiveness Index verglichen. Die Studie fand heraus, dass amerikanische Studenten auf der Skala Zufriedenheit mit der Wettbewerbsfähigkeit höher bewertet wurden als chinesische und japanische Studenten, obwohl kein Unterschied auf der Skala Zufriedenheit mit der Wettbewerbsfähigkeit gemacht wurde. Männer schnitten bei der Zufriedenheit mit der Konkurrenz höher ab als Frauen, aber nicht bei der Streitsucht. Die Ergebnisse deuten darauf hin, dass Geschlecht und kulturelle Muster einige, wenn auch nicht alle, Aspekte der Wettbewerbsfähigkeit beeinflussen.

Wettbewerb aus Gender-Perspektive

Eine ganze Kohorte tschechischer Studenten, die sich an gebührenfreien Universitäten bewarben, wurde von Jurajda & München (2008) untersucht, wobei signifikante Unterschiede in der Selektivität verschiedener Programme festgestellt wurden. Sie untersuchten die geschlechtsspezifischen Unterschiede bei den Leistungsbewerbern, nutzten den Unterschied in den Annahmequoten als Maß für die Wettbewerbsnachfrage und untersuchten, ob sich die Wettbewerbsintensität des Programms weiterhin auf das Abschneiden bei der entsprechenden Aufnahmeprüfung auswirkt. Die Talente einer Person wurden anhand von Testergebnissen in einem strukturierten Assessment gemessen, und das Ergebnis der Zulassungsprüfung wurde aus dem Zulassungsurteil abgeleitet. Die Autoren fanden heraus, dass Männer und Frauen bei gleichem Interessensgebiet und umfassenderen Testergebnissen effektivere Leistungen erbringen konnten; Männer wurden jedoch mit höherer Wahrscheinlichkeit angenommen. Dies deutet darauf hin, dass der Erfolg des Zulassungstests nicht den Erfolg der strengen Tests widerspiegelt. Obwohl ein solcher Unterschied durch Verzerrungen erklärt werden kann, weisen die Autoren darauf hin, dass alle Zulassungstests anonymisiert validiert wurden. Schließlich wird zwar die Geschlechterstruktur des betreffenden Studiengangs kontrolliert, aber der Widerstand gegen die Konkurrenz des Studiengangs bleibt bestehen. Die geschlechtsspezifische Diskrepanz in der Akzeptanz war demnach in männlich und weiblich dominierten Programmen gleich groß, was darauf hindeutet, dass Sexismus wahrscheinlich nicht die Ursache für den berichteten Unterschied ist. Die Forscher argumentierten, dass der beobachtete Unterschied mit Frauen zusammenhängt, die wohlhabender sind.

Im Vergleich zu einem kompetitiven Stipendienprogramm, das von Price (2008) analysiert wurde, variieren die Zeit bis zum Abschluss und die Abschlussraten in der Graduiertenschule. Die Auswahlvoraussetzungen für das Stipendium waren die Entwicklung des Studenten in Richtung eines Abschlusses, als es eingerichtet wurde, und daher gab es bei der Auswertung der ersten Preisträger Hinweise darauf, dass die Preise an Studenten vergeben wurden, die einen schnellen Fortschritt bis zur Kandidatur gemacht hatten. Diese Schnelligkeit des Wettbewerbs führte zu einer erheblichen und signifikanten Verringerung der Kandidaturdauer für berechtigte männliche Studenten, während die Kandidaturdauer für berechtigte weibliche Studenten keine Auswirkungen hatte. Im Gegensatz dazu war der Rückgang der Kandidaturzeit empfindlich gegenüber der Geschlechterverteilung der konkurrierenden Stichprobe, wobei die Gewinne in Initiativen, in denen ein größerer Anteil sowohl bei den Männern als auch bei den Frauen weiblich war, höher waren.

Beckmann & Menkhoff führten eine Untersuchung durch, um die individuellen Unterschiede in der Wettbewerbseinstellung genau zu untersuchen (2008). Ausgehend von einer Stichprobe, in der Frauen tendenziell unterrepräsentiert sind, befragten sie Investmentfondsmanager in den Vereinigten Staaten, Deutschland, Italien und Thailand. Obwohl keine großen geschlechtsspezifischen Unterschiede in der Risikoeinschätzung oder im Übervertrauen entdeckt wurden, stellte sich heraus, dass weibliche Finanzexperten erfolgreicher sind. Am Ende eines Jahres entschieden sich weibliche Fondsmanager eher für eine marktfolgende Strategie als für eine Technik, die ihnen helfen könnte, den Markt zu übertreffen.

Die Qualität des GRE wurde von Attali et al. (2010) mit einer freiwilligen experimentellen Komponente des GRE verglichen. Der geschlechtsspezifische Unterschied in den Ergebnissen ist im realen und eher kompetitiven GRE höher als im experimentellen und Low-Stakes GRE. Die Autoren führen diesen Unterschied darauf zurück, dass Männer negativer auf die Verringerung der Anreize im experimentellen GRE reagieren. Tatsächlich entscheidet sich ein höherer Anteil der Männer als der Frauen, den experimentellen GRE innerhalb der ersten 10 Minuten der erlaubten Zeit zu verlassen. Während einige Probanden auf den verringerten Druck im experimentellen GRE mit einer Leistungssteigerung reagieren, gibt es keinen Hinweis darauf, dass Frauen für einen solchen Schritt anfälliger sind. Die Autoren führen daher die größeren Leistungsunterschiede zwischen den Geschlechtern darauf zurück, dass Männer stärker auf die hohen Anforderungen des realen GRE reagieren.

Niederle & Vesterlund (2011) stellten fest, dass Frauen oft weniger positiv auf Wettbewerb reagieren als Männer. Männer nehmen oft eher an Wettbewerben teil, basierend auf Ergebnissen, und die Leistung von Männern reagiert tendenziell günstiger auf eine Wettbewerbssteigerung. Das bedeutet, dass nur sehr wenige Frauen an Turnieren teilnehmen und diese auch gewinnen. Er analysierte Forschungsarbeiten, die sowohl die Wirksamkeit dieser Ungleichheiten als auch die Ursachen, die sie hervorrufen könnten, untersuchten. Sowohl Labor- als auch Feldstudien haben diese ersten Ergebnisse weitgehend repliziert und gezeigt, dass geschlechtsspezifische Ungleichheiten in der Wettbewerbsfähigkeit tendenziell aus

Diskrepanzen im Übervertrauen und in der Rivalitätseinstellung entstehen. Geschlechtsspezifische Unterschiede in der Risikoaversion scheinen dagegen eine kleinere und weniger robuste Rolle zu spielen.

Wettbewerb aus Sicht der Rivalität

Warum zahlen Tiere einen Verlust, um anderen einen Preis aufzuerlegen? Barker, (2016) erforschte Solch teures verletzendes Verhalten kann bei lokalem Wettbewerb um Ressourcen bevorzugt werden, weil es das Wohlbefinden der Individuen im Vergleich zu engen Rivalen erhöht. Die Vorhersage, dass Menschen bei lokaler oder globaler Rivalität eher dazu neigen, andere zu verletzen, konnte jedoch nicht wissenschaftlich belegt werden. Er illustrierte diese Annahme mit einem spieltheoretischen Modell und überprüfte sie dann in einer Reihe von ökonomischen Spielen. Um in diesen Experimenten andere zum Verlieren zu bringen, geben die Spieler Geld aus. Wir haben die Skala des Spiels missbraucht, indem wir Geldpreise an die Spieler mit den höchsten Payoffs pro Gemeinschaft von Sozialpartnern (lokaler Wettbewerb) oder an alle Teilnehmer einer Sitzung (globaler Wettbewerb) vergeben haben. Er stellte fest, dass dort, wo der Wettbewerb, wie vorhergesagt, lokal war, Individuen für andere gefährlicher waren (Studie 1). Wenn Menschen ihr Geld "verdienten", war dieser Befund immer noch vorhanden. Im Gegensatz dazu waren Personen dort, wo der Wettbewerb lokal war, eher geneigt, Mitglieder der Nachbarschaft zu verletzen als Parteimitglieder (Studie 3), weil die relevanten strategischen Ziele außerhalb der Gruppenmitglieder lagen. Zusammengenommen zeigen unsere Ergebnisse, dass lokale

Konkurrenz in menschlichen Gesellschaften nicht nur den Drang, anderen zu schaden, generell fördert, sondern auch Gruppengewalt erzeugt.

Der Wettbewerb, so Schurr (2016), ist berühmt geworden. Die Menschen sind auch zu unethischen Wegen des Gewinnens übergegangen. Rivalität war, nicht überraschend, grundlegend für das Studium der Ökonomie, Psychologie, Soziologie, Politikwissenschaft und mehr. Während er viel über die Handlungen der Wettkämpfer vor und während der Wettkämpfe liest, weiß er wenig über das Verhalten der Wettkämpfer nach dem Ende des Wettkampfes. Indem er das Verhalten nach dem Wettkampf mit der vorangegangenen Wettkampferfahrung in Verbindung brachte, fand er heraus, dass sich Gewinner in einer nicht verwandten Folgeaufgabe während des Wettkampfs unehrlicher verhalten als Verlierer. Darüber hinaus war das daraus resultierende unethische Verhalten eher auf das Gewinnen als auf die reine Leistung zurückzuführen. Diese Erkenntnis war wichtig, um zu verstehen, wie sich unethisches Verhalten durch die Exposition gegenüber Wettbewerbsbedingungen ausbreiten kann. Das Gewinnen eines Preises führt zu unmoralischem Verhalten, das zufällig mit ihm verbunden ist. Fünf Experimente zeigten, dass sich Gewinner nach einem Wettkampf unehrlicher verhalten als Wettkampfverlierer. Die Studien 1 und 2 finden heraus, dass der Gewinn einer Belohnung die Wahrscheinlichkeit erhöht, dass die Gewinner in einem entsprechenden, nicht verwandten Vorgang Geld von ihren Gegenspielern nehmen. Die Studien 3a und 3b finden, dass der Einfluss nur dann entsteht, wenn der Gewinn eine bessere Leistung als andere erfordert, nicht aber, wenn der Erfolg durch Zufall oder in Bezug auf eine persönliche Absicht bestimmt wird. Studie 4 schließlich zeigte, dass das verbesserte Anspruchsdenken der Gewinner des Wettbewerbs ein möglicher Mechanismus ist, der dem Einfluss zugrunde liegt.

REFERENZEN

Aaron, M. E., & Farnsworth, E. J. et al. (1996). Fakultativer Mutualismus zwischen roten Mangroven und wurzelbewachsenen Schwämmen im Mangal von Belize. *Ecology, 77*, 2431-2444.

Agrawal, A. A. et al. (2007). Filling key gaps in population and community ecology. *Frontiers in Ecology and the Environment, 5*, 145-152.

Alexander R. D. (1990). How did humans evolve? Überlegungen zu einer einzigartigen Spezies. University of Michigan Museum of Zoology Special Publication No. 1.

Alexander, R. D. (1989). Die Evolution der menschlichen Psyche. In: P. Mellars, & C. Stringer (Eds.), The human revolution. Behavioural and biological perspectives on the origins of modern humans (pp. 455 - 513). Princeton, NJ: Princeton University Press.

Alock, J. E. (1974).Cooperation, competition and the effects of time pressure in Canada and India. *Zeitschrift zur Konfliktlösung*, 18(2), 171-197.

Anderson, W. A. und Parker, F. B. (1964). Society: Its Organization and Operation. Princeton, New Jersey: D. Van Nostrand Company.

Armstrong, C. E. (2012). Strategien für kleine Einzelhändler im Kampf gegen die großen Boxen: A "Goliath" victory. *Journal of Strategy and Management, 5*(1), 41 - 56.

Armstrong, C. E. (2013). Kompetenz oder Flexibilität: Überlebens- und Wachstumsimplikationen von Wettbewerbsstrategiepräferenzen bei kleinen US-Unternehmen. *Journal of Strategy and Management, 6*(4), 377 - 398.

Armstrong, J. S., & Kesten, C. G. (2007). Wettbewerberorientierte Ziele: The myth of market share. *International Journal of Business, 12* (1), 116-134.

Armstrong, J., & Fred, C. (1994). Die Rentabilität des Gewinnens. *Chief Executive*, 61-63.

Attali, Y., Neeman, Z., & Schlosser, A. (2010). Rise to the challenge or not give a damn: Differential performance in high vs. low stakes tests. Unveröffentlichtes Manuskript, Tel-Aviv Univ.

Baldauf, S.A., & Franz, J. (2014). Diversifizierende Evolution der Wettbewerbsfähigkeit. *Nature Communications, 5,* 5233.

Barker, J.L., & Pat, B. (2016). Lokaler Wettbewerb erhöht die Bereitschaft von Menschen, anderen zu schaden. *Journal of evaluation and Human behaviour, 9*(2), 145-154.

Becker, G. S. (1983). Eine Theorie des Wettbewerbs zwischen Pressure Groups um politischen Einfluss. *The Quarterly Journal of Economics, 98*(3), 371-400.

Beckmann, D., & Menkhoff, L. (2008). Werden Frauen zu Frauen? Eine Analyse der Geschlechterdifferenz bei Finanzexperten. *Kyklos, 61*(3), 64-84.

Bogardus, E.S. (1920). Group conflicts, (pp221-244). In Essentials of Social Psychology. Los Angeles: University of Southern California.

Boone, J. (2008). Wettbewerb: Theoretische Parametrisierungen und empirische Messungen. *Journal of Institutional and Theoretical Economics (JITE), 164*(4), 587-611.

Brewer, M. B. (1979. In-group bias in the minimal intergroup situation: A cognitive-motivational analysis, *Psychological Bulletin, 86*, 307-324.

Brooker, R. W. *et al.* (2009). Don't diss integration: A comment on Ricklefs's disintegrating communities. *American Naturalist, 174*, 919-927.

Buchanan, A. E. (1982). Marx and Justice: The Radical Critique of Liberalism, *Philosophy and Society Series*, Rowman & Littlefield Publishers, Incorporated, 95.

Burguillo, J. C. (2010). Einsatz von Spieltheorie und wettbewerbsbasiertem Lernen zur Förderung der Motivation und Leistung von Studenten. *Computer & Bildung, 55,* 566-575.

Burkhart, D. & Woody, A. (2017). Strategischer Wettbewerb: Beyond Peace and War. *Joint Force Quarterly, 86*(19), 20-27. Abgerufen am 04. Dezember 2020 von http://ndupress.ndu.edu/Portals/68/Documents/jfq/jfq-86/jfq86_20-27_Burkhart-Woody.pdf.

Cantador, I., & Conde, J.M. (2010). Auswirkungen von Wettbewerb in der Bildung: Eine Fallstudie in einer E-Learning-Umgebung. Proceedings of the IADIS International Conference e-Learning 2010 (E-Learning 2010). Freiburg, Deutschland.

Carroll, G. R., & Hannan, M. T. (1989). On using institutional theory in studying organizational populations. *American Sociological Review*, 54, 545-548.

Chagnon, N. A. (1992). Yanomamo (4th ed.). New York: Holt, Rinehart and Winston.

Chen, M., J. (1996). Competitor analysis and inter firm rivalry: Toward a theoretical integration. *Academy of Management Review, 21,* 100-134.

Clausewitz, C.V. (1976). On War. Michael Howard und Peter Paret, eds., Princeton, N.J.: Princeton University Press, S. 88.

Connell, J.H. (1978). Diversität in tropischen Regenwäldern und Korallenriffen. *Science, 199*(4335), 1302-1310.

Dabbs, J. M., & Dabbs, M. G. (2000). Helden, Schurken und Liebhaber: Testosteron und Verhalten. New York: McGraw-Hill.

David, W. (1995). Kompetitive und kooperative Einstellungen: Eine Längsschnittuntersuchung japanischer Jugendlicher. *Journal of Early Adolescence, 15*(1), 145-168.

Dayal, P. (2006). Gandhianische Theorie des sozialen Wiederaufbaus. Neu Delhi: Atlantic Publishers & Dist.

Deci, E. L., Koestner, R., & Ryan, R. M. (1999). Eine meta-analytische Überprüfung von Experimenten zur Untersuchung der Auswirkungen extrinsischer Belohnungen auf die intrinsische Motivation. *Psychological Bulletin, 125*(6), 627-668.

DiMenichi, B.C., & Tricomi, E. (2015). The power of competition: effects of social motivation on attention, sustained physical effort, and memory. *Frontiers in Psychology, 6*, 1282.

Dreher, G. F. (1980). Fluktuation und Wettbewerb um zu erwartende offene Stellen: An exploratory analysis. *ACAD ManagementJounal, 23*(4), 766-772.

Duckworth, A. L., Peterson, C., Matthews, M. D., & Kelly, D. R. (2007). Grit: Ausdauer und Leidenschaft für langfristige Ziele. *Journal of Personality and Social Psychology, 92*, 1087.

Ebel, R.L. (1965). Measuring educational achievements. New Jersey: Prentice Hall Englewood Cliffs, 46.

Edgar, K. (1998). Freier Wettbewerb in liberal-individualistischen Gesellschaften. *Social and Economic Management in the Competitive Society,* 49-82.

Edwards, M. (2010). Kleiner Wandel: Why business won't change the world. New York: Berrett-Koehler Publishers.

Elias, M. (1981). Serum-Cortisol, Testosteron und testosteronbindendes Globulin als Reaktion auf kompetitive Kämpfe bei menschlichen Männern. *Aggressive Behavior, 7,* 215 - 224.

Ernst, J. M. (1979). Die Rolle des Wettbewerbs in einer liberalen Gesellschaft, die soziale Marktwirtschaft. *Theorie und Ethik der Wirtschaftsordnung,* 329.

Fairchild, H.P. (Hrsg.) (1944). Wörterbuch der Soziologie. New York: Philosophical Library.

Fehr, E., & Schmidt, K.M. (1999). Eine Theorie der Fairness, des Wettbewerbs und der Kooperation. *The Quarterly Journal of Economics, 114*(3), 817-868.

Fischer, M. (2018). The New Era of Great Power Competition. Abgerufen am 15. Dezember 2020 von https://www.vox.com/2016/4/13/11421352/ash-carter-deterrencepower-competition.

119

Frederick-Recascino, C. M., & Schuster-Smith, H. (2003). Wettbewerb und intrinsische Motivation bei körperlicher Aktivität: ein Vergleich von zwei Gruppen. *Journal of Sport Behaviour,* 26, 240-254.

Furnham, A. (1994). Nationale Einstellungen zu Wettbewerbsfähigkeit, Geld und Arbeit bei jungen Menschen: First, second, and third world differences. *Human Relations, 47*(1), 119-132.

Geary, D. C., & Flinn, M. V. (2002). Geschlechtsunterschiede in der verhaltensmäßigen und hormonellen Reaktion auf soziale Bedrohung. *Psychological Review, 109* (4).

George, J. S. (2008). Wettbewerb. The New Palgrave Dictionary of Economics, Band 3, S.1807-2717.

Glaser, C. (2010). Rational Theory of International Politics: The Logic of Competition and Cooperation, Princeton, N.J.: Princeton University Press.

Gneezy, U., Niederle, M., & Rustichini, A. (2003). Performance in competitive environments: gender differences. *Quarterly Journal of Economics, 118*(10), 49-74.

Good, T. L., Brophy, J. (2008). Looking in Classrooms (10. Aufl.). Boston, MA: Allyn & Bacon.

Grant, H., & Dweck, C. S. (2003). Klärung von Leistungszielen und deren Auswirkungen. *Journal of Personality and Social Psychology, 85,* 541.

Greenwood, M. J., McIntosh, A.R., & Harding, J. S. (2010). Disturbance across an ecosystem boundary drives cannibalism propensity in a riparian consumer. *Behavioral Ecology, 21,* 1227-1235.

Hardin, G. (1960). The competitive exclusion principle. *Science, 131,* 1292-1297.

Harris, P.B. (2010). Eine Zuverlässigkeitsanalyse des überarbeiteten Wettbewerbsfähigkeitsindex. *Psychology Reports, 106*(3), 870-874.

Harrison, S., & Cornell, H. (2008). Auf dem Weg zu einem besseren Verständnis der regionalen Ursachen für den Reichtum lokaler Gemeinschaften. *Ecology Letters, 11,* 969-979.

Hatcher, M. J., Dick, J. T. A., & Dunn, A. M. (2006). Wie Parasiten die Interaktionen zwischen Konkurrenten und Räubern beeinflussen. *Ecology Letters, 9,* 1253-1271.

Heffernan, M. (2014). Ein größerer Preis: Warum Wettbewerb nicht alles ist und wie wir es besser machen. London: Simon and Schuster.

Hewstone, M., Rubin, M., & Willis, H. (2002). Intergroup bias. In S. T. Fiske, D. L. Schacter, & C. Zahn-Waxler (Eds.). *Annual Review of Psychology, 53,* 575- 604.

Holomuzki, J. R., Feminella, J. W., & Power, M. E. (2010). Biotische Interaktionen in benthischen Süßwasserhabitaten. *Journal of the North American Benthological Society, 29,* 220-244.

Horn, H.S. (1975). Markovian Properties of Forest Succession. In Cody, M.L., and J.M. Diamond. *Ecology and Evolution of Communities*. Mass., U.S.: Belknap Press, S. 196-211.

Houston, J. M. (2002). Eine faktorielle Analyse von Skalen zur Messung der Wettbewerbsfähigkeit. *Educational and Psychological Measurement, 62*(2), 284-298.

Houston, J.M. (2005). Competitiveness among Japanese, Chinese, and American Undergraduate Students, *Psychology Reports, 97*(1), 205-212.

Humphrey, N. (1976). Die soziale Funktion des Intellekts. In: P. P. G. Bateson, & R. Hinde (Eds.), Growing points in ethology (pp. 303 - 318). New York: Cambridge University Press.

Huss, M., Van Kooten, T., & Persson, L. (2010). Intra-Kohorten-Kannibalismus und Größenbimodalität: ein Gleichgewicht zwischen Schlüpfsynchronität und Ressourcenrückkopplungen. *Oikos, 119*, 2000-2011.

Ismail, A.I. (2010). Die Beziehung zwischen organisatorischem Wettbewerbsvorteil und Leistung moderiert durch das Alter und die Größe von Unternehmen. *Asian Academy of Management Journal, 15*(2), 157-173.

Johnson, D. W., Maruyama, G., Johnson, R., Nelson, D., & Skon, L. (1981). Auswirkungen von kooperativen, kompetitiven und individualistischen Zielstrukturen auf die Leistung: A meta-analysis. *Psychological Bulletin, 89*(1), 47-62.

Jurajda, S., & München, D. (2008).Gender gap in admission performance under competitive pressure. *Zentrum für Wirtschaftsforschung und Graduiertenausbildung - Wirtschaftsinstitut Arbeit*, 371.

Keddy, P.A. (2001). Competition, 2nd ed. Kluwer: *Dordrecht*, 552.

Keohane, R. (1984). After Hegemony, Princeton, N.J.: Princeton University Press.

Kilduff, G. J. (2014). Driven to win rivalry, motivation, and performance. *Social Psychological and Personality Science, 5*, 944-952.

Kirzner, I.M. (1982). Wettbewerb, Regulierung und der Marktprozess: An "Austrian" perspective. Abgerufen am 21. Januar 2021 von https://www.cato.org/sites/cato.org/files/pubs/pdf/pa018.pdf.

Knoop, T. A. (2010). Rezessionen und Depressionen: Understanting business cycle (2nd ed.). California: Praeger.

Lang, J.M., & Benbow, M.E.(2013). Spezies Interaktionen und Wettbewerb. *Nature Education Knowledge, 4*(4), 8.

Latterell, C.G. (Hrsg.) (2017). REMIX: Reading and Composing Culture. ([3rd] ed.) New York: Bedford /st Martins.

Lavy, V. (2008). Gender differences in market competitiveness in a real workplace: evidence from performance-based pay tournaments among teachers. *Hebrew University und Royal Holloway University of London*, 14338.

Lawson, T. (2001). Die Bewertung von Vertrauen, Wettbewerb und Kooperation, Wettbewerb, Vertrauen und Kooperation. *Studies in Economic Ethics and Philosophy*, 42-76.

Layard, R. (2011). Group dedicated to happiness launched in UK, BBC video.

Le Bouc, R., & Pessiglione, M. (2013). Imaging social motivation: distinct brain mechanisms drive effort production during collaboration versus competition. *Journal of Neuroscience, 33*, 15894-15902.

Lefevure, L. M., & Cunning H. (1974).Competitive orientation among Belgian College Students effects of non-punitive and different strategies on playing the allocation game. *Psychologica Belgica, 14*(3), 261 - 72.

Lindblom, C. (1965). The Intelligence of Democracy, New York: Free Press.

Linden, V. D. S. (2011). The Helper's High: Why it feels so good to give, *Ode Magazine, 8*, 26-27.

Lotka, A.J. (1932). Beitrag zur mathematischen Theorie des Fangens. I. Conditions for capture. *Proceedings of the* National Academy *of* Sciences, *USA, 18*(2), 172-178.

Lucas, J. R. (1994). Acculturation and competition among Mexican-Americans: A re-conceptualization, Hispanic, *Journal of Behavioral Sciences, 16* (2), 129-142.

Maddi, S. R., Matthews, M. D., Kelly, D. R., Villarreal, B., & White, M. (2012). The role of hardiness and grit in predicting performance and retention of USMA cadets. *Military Psychology, 24*, 19-28.

Mann, G. (2016). Politischer Wettbewerb und Wachstum in globaler Perspektive: Evidenz aus Paneldaten. *Journal of Applied Economics, 19(2), 363-382.*

Mattis, J. (2018). Summary of the 2018 National Defense Strategy of the United States of America: Sharpening the American Military's Competitive Edge, U.S. Department of Defense, 20. Januar 2018. Abgerufen am 10. Januar 2021 von https://dod.defense.gov/Portals/1/Documents/pubs/2018-National-Defense-Strategy-Summary.pdf.

Mazur, A., & Lamb, T. (1980). Testosteron, Status und Stimmung bei menschlichen Männern. *Hormones and Behavior, 14*, 236 - 246.

Meece, J. L., Anderman, E. M., & Anderman, L. H. (2006). Classroom goal structure, student motivation, and academic achievement. *Annual Review of Psychology, 57*, 487-503.

Merriam-Webster. (2015). Definition von Wettbewerb. Abgerufen am 15. Mai, 2016 von http://www.merriam-webster.com/dictionary/competition.

Milner, H. (1992). Review: Internationale Theorien der Kooperation: Strengths and weaknesses. *World Politics, 44*(3), 466-496.

Morgenthau, H.J. (1993). Politics among Nations: The Struggle for Power and Peace, Kurzausgabe, New York: McGraw Hill.

Mulvey, P. W., & Ribbens, B. A. (1999).The effects of intergroup competition and assigned group goals on group efficacy and group effectiveness. *Small Group Research, 30*, 651-677.

Niederle, M., & Vesterlund, L. (2011). Geschlecht und Wettbewerb. *Annual Review of Economics*, 3(6), 1-30.

Ogburn, W.F., & Nimkoff, M.F. (2011). A Handbook of Sociology. Neu Delhi: Sarup Book.

Preis, J. (2008). Gender differences in the response to competition. *Indian Labor Relationship* Review, 61, 320-33.

Richard, M.R., Max, H., Linda, M.K., & Joel A. (1996).Construction of a personal development competitive attitude scale. *Journal of Personality Assessment, 66*(2), 374-385.

Ricklefs, R. E. (2008). Die Desintegration der ökologischen Gemeinschaft. *American Naturalist, 172*, 741-750.

Roemer, J.E. (2001). *Politischer Wettbewerb: Theory and Applications*. Cambridge: Harvard University Press.

Roxburgh, S. H., Shea, K., & Wilson, J. B. (2004). The Intermediate Disturbance Hypothesis: patch dynamics and mechanisms of species coexistence. *Ecology, 85*, 359-371.

Rudd, A., Stoll, S. K., & Beller, J. M. (1997). Ausgedrücktes Trainerverhalten und sein Effekt auf die moralische Entwicklung von Sportlern. *Research Quarterly, 68*, 14-115.

Ryckman, R. M. (1997).Values of hypercompetitive and personal development competitive individuals. *Journal of Personality Assessment, 69*, 2.

Ryckman, R.M., Thornton, B., & Butler, J.C. (1994). Persönlichkeitskorrelate der Skala zur hyperkompetitiven Einstellung: Validitätstests von Horneys Theorie der Neurose. *Journal of Personality Assessment, 62*, 84-94.

Sahney, S., Benton, M.J., & Ferry, P. A. (2010). Verbindungen zwischen globaler taxonomischer Vielfalt, ökologischer Vielfalt und der Ausbreitung von Wirbeltieren an Land. *Biology Letters, 6* (4), 544-547.

Sapolsky, R. M. (1991). Hodenfunktion, sozialer Rang und Persönlichkeit bei wilden Pavianen. *Psychoneuroendokrinologie, 16*, 281 - 293.

Sapolsky, R. M. (1992). Cortisol-Konzentrationen und die soziale Bedeutung von Ranginstabilität bei wilden Pavianen. *Psychoneuroendokrinologie, 17*, 701 - 709.

Schall, J. J. (1992). Parasiten-vermittelte Konkurrenz bei Anolis-Eidechsen. Oecologia, *92*, 64-64.

Scherer, F.M., & Ross, S. (1990). Industrielle Marktstruktur und wirtschaftliche Leistung (3. Aufl.). Boston: Houghton Mifflin.

Schurr, A. (2016).Winning a competition predicts dishonest behavior, *PNAS, 113*, 7.

Shimizu, J. (1973). Das Verhalten von Gruppenmitgliedern, verursacht durch ihr Urteil zwischen dem Gruppenziel & ihren Ergebnissen. *Japanese Journal of Experimental Social Psychology, 13*(2), 141-47.

Sigalas, C., Victoria, P.E., Nikolaos, B.G. (2013). Developing a measure of competitive advantage. *Journal of Strategy and Management, 6*(4), 320-342.

Singh, N. und Kaur, S. (2018). Manual of Competitiveness Questionnaire. Indian Association of Health, Research and Welfare: Hisar.

Skybond: Coaching & Training. (2020). Ungesunder und gesunder Wettbewerb. Abgerufen am 08. Januar 2021 von **https://goskybound.com/unhealthy-and-healthy-competition/**.

Smither, R.D. (1992). Die Natur der Wettbewerbsfähigkeit: The *Development and Validation of the Competitiveness Index. Educational and Psychological Measurement, 52*(2), 407-418.

Stephen, M.G. (2013). Die Psychologie des Wettbewerbs: A social comparison perspective. *Perspectives on Psychological Science, 8*(6), 634-650.

Sutherland, M.A., Woodword, R.L., & Maxwell, J.L. (1966). Introductory Sociology ([6.] Aufl.). New York: J. B. Lippincott Co.

Sutton, J., & Keogh, E. (2000). Sozialer Wettbewerb in der Schule: Zusammenhänge mit Mobbing, Machiavellismus und Persönlichkeit. *British Journal of Educational Psychology, 70*, 443-456.

Swanson, S. D., & Tricomi, E. (2014). Goals and task difficulty expectations modulate striatal responses to feedback. *Cognitive*, Affective, & Behavioral *Neuroscience, 14*, 610-620.

Tauer, J. M., & Harackiewicz, J.M. (1999). Gewinnen ist nicht alles: Wettbewerb, Leistungsorientierung und intrinsische Motivation. *Journal of Experimental Social Psychology, 35*, 209-238.

Tauer, J.M., & Harackiewicz, J.M. (1999). Winning Isn't Everything: Competition, Achievement Orientation, and Intrinsic Motivation. *Journal of Experimental Social Psychology, 35*, 209-238.

Tauer, J.M., & Harackiewicz, J.M. (2004).The effects of cooperation and competition on intrinsic motivation and performance. *Journal of Personality and Social Psychology, 86*, 849-861.

Taylor, S. E., Klein, L. C., Lewis, B. P., Gruenewald, T. L., Gurung, R. A. R., & Updegraff, J. A. (2000). Biobehavioral responses to stress in females: tend-and-befriend, not fight-or-flight. *Psychological Review, 107,* 411 - 429.

Volterra, V. (1926). Schwankungen und Fluktuationen der Individuenzahlen bei zusammenlebenden Tierarten. Nachgedruckt 1931. In: Chapman, R. N.: *Animal Ecology.* New York: McGraw-Hill.

Wagner, J. D., Mark, V. F., & Barry, G. (2002). Hormonal response to competition among male coalitions, *Evolution and Human Behavior, 23*(6), 437-442.

Waltz, K.N. (2000). Struktureller Realismus nach dem Kalten Krieg. *Internationale Sicherheit, 25(*1), 5-41.

Wrangham, R. W. (1999). Evolution des koalitionären Tötens. *Yearbook of Physical Anthropology, 42,* 1 - 30.

Yerkes, R. M., & Dodson, J. D. (1908). The relation of strength of stimulus to rapidity of habit-formation. *Journal of Comparative Neurology and Psychology, 18,* 459-482.

Zanzig, B. R. (1995). Die Messung des Einflusses von Wettbewerb in kommunalen Bildungsmärkten auf die kognitiven Leistungen von Schülern. *Economics of Education Review, 16*(4), 431-441.